weissbooks.w

W0077407

Jey Jey Glünderling
Traumberuf Marktschreier
Slams & Stories

weissbooks.w

Traumberuf Marktschreier

Für Mama (Zwar kein Kinderbuch, aber nah dran.)

Schach

Schach ist das intelligenteste Spiel der Welt. Schach birgt über 10^{46} mögliche Züge. Das sind zehn Septilliarden. Eine mies hohe Zahl. Komplexer geht es nicht. Schach verbindet zudem ganze Generationen und Kulturen miteinander. Alle lieben Schach, denn Schach macht schlau. Aber das ist falsch. Schach macht nicht schlau. Schach macht scheiße. Schach ist unfassbar asozial und politisch höchst inkorrekt. Schach ist kein Spaß. Schach ist Krieg! Das Spielprinzip ist brutal simpel: Der Gegner muss völlig vernichtet werden. Eine andere Konfliktlösung wird überhaupt nicht aufgezeigt. Nee, nur voll in die Fresse. Und als Erstes werden die Bauern in den Krieg geschickt. Klar, mit denen kann man es ja machen. Erst mal die armen Arbeiter verheizen und dann weitergucken. Und die Bauern werden alle einzeln vorwärts ins Verderben gerückt. Fahnenflucht ist unmöglich, denn Zurückziehen gibt es nicht.

Das ist barbarisch. GTA 5 ist ein Scheiß dagegen. Schach ist gewaltverherrlichend hoch Zehn. Und noch viel schlimmer ist der rohe Rassismus dahinter. Denn Schach ist ein Krieg zwischen Schwarz und Weiß. Hat sich die AFD das ausgedacht? Mein Gott! Und klar, Weiß darf immer anfangen. Die Weißen haben ja immer das Vorrecht. Aber man braucht sich gar nicht wundern. Jede Figur bleibt ja auch nur in ihrem klar abgesteckten, viereckigen Feld. Jeder chillt nur in seiner Privat-Parzelle, in seiner Filter-Bubble, ohne mal »out of the box« zu denken. Wie soll Völkerverständigung da überhaupt funktionieren? Kein Kontakt zur Außenwelt – klare Folge: Schwarz-Weiß-Denken.

Schach ist gefährlich. Schach gehört nicht mehr in unsere Zeit. Oder wer hat ernsthaft Bock auf Monarchie? Der große, arrogante König versteckt sich immer schön hinter seiner Gefolgschaft und lässt andere für sich kämpfen. Faul wie ein Schwein bewegt er sich auch immer nur in gemächlichen, kleinen Schritten. Und wenn es dann mal eng wird, ZACK! Rochade. Dann mauert sich der Monarch einfach ein. Nun gut, er ist ja auch der King. Und mal wieder ist es ein mächtiger Mann, um den sich alles dreht. Wobei, es gibt beim Schach ja immerhin eine Dame. Wow! Schach, du bist so fortschrittlich. Rein statistisch beträgt der weibliche Anteil der Figuren beim Schach ja ganze 6,25 Prozent. Willst du mich verarschen? Frauenverachtender geht's ja wohl nicht. Doch! Denn die einzige Dame auf dem Feld darf man auch noch easy schlagen. Man wird beim Schach fürs Frauen-Schlagen sogar regelrecht belohnt. Was ist das für eine Welt?

Und der ganze Sexismus setzt sich ja auch auf sprachlicher Ebene fort. Wird der König bedroht, heißt es »Schach«. Ist die Dame hingegen in Gefahr, sagt man »Gardez«. Allein der Klang macht die Rollen ja schon deutlich: Mann hart, Frau weich. Hallo, Heteronormativität. Wie schäbig! Und auch der Umgang mit Homosexualität ist schlichtweg diskriminierend. Erreicht ein Bauer das andere Ufer, wird er sofort zur Dame. Klar, jeder Schwule ist ja auch total weiblich. Was für ein Scheiß! Schach ist in jeder Hinsicht absolut menschenverachtend. Und es geht ja noch weiter. Beim Schach zählt der Bauer einen Punkt, der Läufer drei und der Turm fünf Punkte. Aha, Gebäude sind also mehr wert als Menschen. Interessant.

Aber Schach richtet sich nicht nur gegen Menschen, sondern auch gegen Tiere. Beim Pferd kann ja wohl nicht ernsthaft von artgerechter Haltung sprechen. Stets eingepfercht in einem kleinen Feld, muss es pausenlos auf Kommando springen. Und zwar um die Ecke. Wie das auf die Gelenke geht. Das ist Tierquälerei. Schach ist Schuld an so was wie Pferde-Lasagne. Da wird komplett auf die Tierwelt geschissen. Und übrigens auch auf die Natur. Denn woraus besteht Schach? Genau, Holz. Schach befeuert dadurch massiv den Klimawandel. Schach tötet Bäume. Schach verhindert Fotosynthese.

13

Schach nimmt uns die Luft zum Atmen. Aber wen erstaunt das wirklich? Allein der Name »Schach« ist ja schon Programm. Da braucht man nur mal genau hinschauen: Schach hat sechs Buchstaben. Genau wie die Wörter Teufel oder Hitler.

Ja, da macht auf einmal alles Sinn. Und ich war in der siebten Klasse in der Schach-AG. Da sieht man mal, was für ein Choleriker aus mir geworden ist. Ich fordere daher hiermit ein internationales Schachverbot. Und zwar sofort! Auch wenn Schach eigentlich vergleichsweise harmlos ist. Denn richtig mies wird es erst bei Spielen wie *Uno* oder *Activity*, aber das ist ein anderes Thema.[1]

---

1 An alle Klugscheißer: Ja, der Text enthält zwei logische Fehler. Einen König, den man schon bewegt hat, kann man bei akuter Gefahr nicht mehr in die Rochade befördern. Und ein Bauer, der die andere Seite des Brettes erreicht, wird nicht automatisch zur Dame. Man kann auch jede andere Figur wählen, aber das macht kein Mensch. Egal, der Rhyme ist fett.

Kochabend

Arbeit und Freizeit muss man voneinander trennen. Wer dieses Credo strikt befolgt, hat weniger Stress, heisst es. Aber das ist nur die halbe Wahrheit. Denn eine solche Trennung bringt einem unter Kollegen schnell einen asozialen Ruf ein, was wiederum zu Stress führt. Bei meiner Arbeit hielten mich daher alle für einen Asi. Ich merkte so etwas zum Beispiel an E-mails von Kollegen, in denen stand: »Du, Asi!«

Ich musste etwas ändern. So nahm ich zum ersten Mal die 43. Einladung zu Freizeitunternehmungen von Konrad Gluck an, mit dem ich mir seit zwei Jahren ein Büro teile. Konrad hat eine Lache wie Goofy auf Crack und spricht, wenn er vom VFL Wolfsburg redet, immer von »wir«. Und statt »Guten Morgen« benutzt er stets dieses furchtbare »Mosche«.

Es ist Mittwochabend, als ich an Konrads Tür klingele. Stolz stellt er mir seine Freundin Cordula vor. Kochabend bei Konrad und Cordula – das kann ja heiter werden. Cordula sieht aus wie das Stereotyp einer *Brigitte*-Leserin und hat exorbitant große Füße. Kurz darauf stehen wir im Flur mit Hugo in Stielgläsern. Wenn man will, dass Menschen eigentümlich steif erscheinen und angespannt künstlich über schlecht rezitierte Loriot-Sprüche lachen, dann muss man ihnen nur ein hohes Stielglas in die Hand drücken und sie durch Mangel an Sitzgelegenheiten zum Stehen zwingen. Cordula liebt das. Während sie irgendetwas sagt, das mich nicht interessiert, kuschelt sich Konrad an ihren Hals, flüstert etwas in Babysprache und zuppelt wie ein kleiner Junge an ihr rum. Diese Frei-Kuschel-Kultur vor Fremden empfinde ich als äußerst unprofessionell.

In der Küche steht kistenweise *Evian* in Glasflaschen. Ja, das passt. Konrad und Cordula sind genau die Menschen, die Angst vor Leitungswasser haben und stattdessen lieber literweise *Evian*-Glasflaschen hoch in den dritten Stock schleppen. Wahrscheinlich putzen sie sich sogar die Zähne damit. Abends *Elmex* mit *Evian* und morgens *Aronal* mit *Volvic*. Immerhin soll es Spaghetti Bolognese geben. Doch die Nudeln entpuppen sich als Vollkornspaghetti. Von jedem Essen, das geil ist, gibt es eine beschissene, gesunde Version und Vollkornspaghetti sind ein hervorragendes Beispiel dafür.

Das Wasser kocht bereits. Ich eile Konrad zu Hilfe, breche die Spaghetti in der Mitte und werfe sie in den Topf. Stille. Entsetzte Blicke. Und schon beginnt diese nervige   Ich-tue-so-als-wär-ich-Italiener-und-breche-

16

daher-keine-Spaghetti-Diskussion. Es ist anstrengender als die dummen Debatten im Schullandheim, ob es nun die, der oder das *Nutella* heißt. Sogar der Duden bezieht dazu keine Stellung. Der ist schlau. Ich bin dumm und lasse mich auf die Spaghetti-Diskussion ein.

Dies führt schlussendlich dazu, dass ich mit bestimmter Höflichkeit zum Schnippeln verdonnert werde. Beim Schnippeln handelt es sich um die undankbarste Küchen-Aufgabe, denn am Ende wird immer der Koch gelobt, nie aber der Schnippler. Es sei denn der Schnippler ist ein Kind. Dann wird die Schnippelei hoch gepriesen. Schnippelt aber ein Erwachsener, wird dies als eine belanglose Selbstverständlichkeit abgetan. Der Koch rührt nur in einem Topf rum und kippt Gewürze rein, aber im Schnippeln, da liegt doch die eigentliche Gefahr. Beim Rühren kann man sich keinen Finger abhacken.

Nachdem ich wie ein trotziger Sohn den Tisch gedeckt habe, alles fertig ist und ich gerade anfangen will, steht Konrad auf. Er sagt großmütig »Fangt ruhig schon an« und verschwindet. Das ist natürlich eine perfide Farce, denn es gibt ja dieses tolle ungeschriebene Gesetz, dass man erst mit dem Essen beginnt, wenn alle am Tisch sitzen. Konrad kackt schon seit zehn Minuten. Statt mit Cordula zu reden, kümmere ich mich liebevoll um mein *Tamagotchi* und füttere es.

Als Konrad zurückkehrt, besitzt er auch noch die Dreistigkeit zu sagen: »Och, ihr hättet ruhig anfangen

17

können.« Nein, das hätten wir nicht. Ich schlinge die Nudeln in mich rein und verbrenne mir direkt die Zunge. Auf den zweiten Bissen puste ich daher mit der Intensität, mit der man früher *Game Boy*-Spiele vom Staub befreit hat. Nach dem Schokopudding, den Konrad als Mousse au Chocolat deklariert, macht Cordula einen riesigen Fehler, als sie sagt: »Hey, lasst uns doch eine Runde *Monopoly* spielen.« Sie hat nicht den blassesten Schimmer, was sie da gerade anrichtet. *Monopoly* und ich – das ist eine sehr, sehr unschöne Kombination. Das beliebteste Gesellschaftsspiel der Welt ist nichtmal im Ansatz ein geselliges Spiel, es sollte stattdessen den Slogan tragen »Wecke den Hurensohn in dir«.

Konrad nimmt als Spielfigur freiwillig den Fingerhut und Cordula schnappt mir den Rennwagen vor der Nase weg. Ich muss mich also mit dem Schiff zufriedengeben, das dauernd umkippt. Ich würfle zu Beginn eine Vier und muss direkt Einkommensteuer zahlen. Als nächstes kauft Cordula ernsthaft das E-werk. Das E-werk!! Nur Trottel kaufen Werke! Sie verschmäht zusätzlich die orangen Straßen, weil sie die Farbe nicht mag. Aber die braune Badstraße, die gönnt sie sich dann.

Nach zwei Runden ist meine Laune komplett im Arsch. Von jeder Straße habe ich nur eine und halte einen kleinen Regenbogen in der Hand. Als Konrad auf das Wasserwerk kommt, kauft er es und schenkt es Cordula mit einem ekligen Ich-möchte-endlich-mal-wieder-Sex-mit-dir-haben-Lächeln. Konrads Bahnhöfe umgibt das

Stockholmsyndrom. Tut mir nicht gut, aber ich komme trotzdem immer wieder. Ich überlege bereits in Konrads Straßen die Chaostage zu iniitieren, Autos anzuzünden und Häuser zu besetzen, um die Mieten zu senken. Zusätzlich bezweifeln beide, dass man aus dem Knast Miete einstreichen kann. Wir spielen hier in Frankfurt, natürlich kann man aus dem Knast Miete einstreichen! Dieses Pups-Pärchen spielt wie die letzten Amateure, aber macht trotzdem mies Cash.

Gerade habe ich die Straßenausbesserungen mit Hypotheken knapp überstanden, da ereilen mich die fünf schrecklichsten Worte: »Rücke vor bis zur Schlossallee.« Ich bin raus und erfüllt von tiester Schmach, während Konrad seiner Freundin ständig die Miete erlässt. Es ist offiziell regelwidrig, jemandem die Miete zu erlassen! Cordula bekommt mitgeteilt, dass sie Zweite beim Schönheitswettbewerb geworden ist. Sie tut beleidigt. »Sei doch froh! Selbst das wäre unverdient«, denke ich und sage es aus Versehen laut.

In Konrads Büro bin ich seit neuestem eine Persona non grata. Keiner geht mehr mit mir essen und »Du, Asi« war noch die freundlichste Mail von Kollegen. Aber selbst schuld, wenn man Arbeit und Freizeit nicht voneinander trennt.

Du bist Deutschland

Spanien. Aufgeblähte, behaarte Bierbäuche, die der Sonnenbrand in die Farben der *Telekom* getaucht hat. Darunter knallenge, rote *Speedo*-Badehosen, aus denen zu allen Seiten Schamhaare quellen. Kackbraune Tennissocken in Sportsandalen mit Klettverschluss und halbrunder, gesunder Abrollsohle. Spanisches Hotelpersonal, das konsequent auf Deutsch angesprochen wird. So könnte man Deutschland beschreiben, aber das ist nicht die Realität. Das ist nur die nach Schrecklichkeit schreiende, nach Stereotypen stinkende Subkultur jener Orte, die man von Flughäfen wie Frankfurt Hahn aus erreicht.

Das echte Deutschland ist viel subtiler, versteckter und ich machte mich auf es zu suchen. Es war eine lange und beschwerliche Recherche, bei der mich Bob Andrews von den *Drei Fragezeichen* tatkräftig unterstützte. Und eines Tages wurde ich endlich fündig. In Meppen.

Genauer gesagt im Besucherbuch des Meppener Kunstvereins. Dort entdeckte ich einen unfassbaren Eintrag.

»Hallo!!
Der Besuch in ihrem Museum war leider eine unzumutbare Zumutung.

1. Die Dielen knarzen. Ein immenser Störfaktor des Kunstgenusses.
2. Die Schilder neben ihren Bildern sind sehr niedrig angebracht. Wahrscheinlich wegen Rollstuhlfahrern. Wir als Nicht-Behinderte haben nun Rückenschmerzen. Vielen Dank!

Harald Nospe aus 16189 Lückinghausen bei Ülzen«

Harald Nospe hieß Deutschland also. Harald Nospe aus Lückinghausen bei Ülzen. Deutscher ging es nicht. Ich sah sofort Haralds gesamtes Leben bildlich vor mir. Ich sah den angeschwitzten Audioguide, der ihm um den Hals baumelte, als er in dem Besucherbuch ausrastete. Ich sah all seine mintgrünen, kurzärmeligen Busfahrer-Hemden von *Tom Tailor* in seinem Schrank. Und ich sah auch seinen Bürotisch aus Glas und darauf das Foto von ihm, seiner Frau und dem Labrador in einer Schneekugel. Das Bild seiner beiden Kinder daneben als Mousepad. Harald war ein waschechter *Apotheken-Umschau*-Abonnent. Er war der Nachbar von gegenüber, den man morgens beim Katerfrühstück durch das

21

Fenster sieht und der nur ein T-shirt trägt, sonst nichts. Männer, die nur ein T-shirt tragen sind mit gigantischem Abstand das unattraktivste der Welt. Was bei Frauen richtig geil aussieht, zerstört ein baumelnder Penis mit schrumpeligen, hängenden Eiern sofort.

Im Alltag wies Harald niemanden zurecht und er maßregelte auch nicht. Nein, Harald erzog! Harald war exakt derjenige, der hinter dir in der Supermarktschlange steht und verächtlich schnaubt, wenn du das Fließband-Trennungselement nicht ordnungsgemäß hinter deinem Einkauf platziert hast. Harald legt seine Einkäufe dann so nah an deine ran, dass es aussieht, als gehörten sie zu deinem Zeug. Mit dieser eklig unterschwelligen Geste voll geplanter Beiläufigkeit zwingt er einen dann reumütigst das Fließband-Trennungselement zwischen die Einkäufe zu quetschen. So einer war Harald. Man fragt sich ja häufig, welche Menschen ernsthaft die Fragen bei *gute-frage.net* beantworten. Harald.

Die nächsten Wochen steigerte ich mich komplett rein, mir Haralds Wesen bis ins letzte Detail vorzustellen. Wie so oft schob ich gerade einen übertrieben krassen Harald-Film, als ich den Supermarkt betrat. Kurz hinter dem Toast passierte es dann: Eine Schildkröten-Omma versperrte mir den Weg. Den Einkaufswagen hatte sie wie eine Straßenbarrikade vor der EZB quer vor sich gestellt. Ihre Kinn-Falten flatterten im Windzug der Gemüsetheke. Der Sprühnebel legte sich sanft auf ihre

22

Knollennase. Die Krampfadern auf ihren unbedeckten Unterschenkeln bildeten das Nildelta originalgetreu ab. Sie griff unfassbar langsam nach den Sternfrüchten – nur, um sich dem Moment umzuentscheiden, als ich mich gerade an ihr vorbeischieben wollte. Blitzschnell drehte sie sich um und griff nun noch langsamer nach den Kartoffeln vor mir. Es war schier unerträglich. Ich hatte keinerlei Termine, aber eine unvorstellbare Eile schoss mir in die Glieder. Die Schildkröten-Omma war ein Kackmensch. Ich wollte doch nur normal einkaufen, aber nun zwang sie mich zu warten. Es war vorsätzliche Böswilligkeit. Ich wollte der Schildkröten-Omma etwas sagen, dass all meine angestaute Abneigung gegen sie in diesem Moment zusammenfasste, aber mir entwich nur ein leises: »Kchh!« Wenn ich richtig wütend bin, spreche ich Parsel.

Und ich war am Zenit meiner Wut. Just in diesem Moment erschien mir Harald Nospe. Er stand vor mir. Nur mit einem T-shirt bekleidet. Harald blickte mir die tief in die Augen, nickte gewichtig und sagte: »Du bist Deutschland.«

Freibad

Sommer in der Stadt ist scheiße. Billiges Wassereis verklebt die Hände und lockt Wespen an. Helle Häuserfassaden brennen in den Augen. Alles stinkt mehr als sonst. Und dann sind da diese Drachenboote auf dem Main. Zwanzig Erwachsene steigen in ein unförmiges Kack-Boot, um sich permanent in guter alter Asterix-und-Obelix-Manier von einem dicken Mann mit Trommel anbrüllen zu lassen. Was soll das? Lasst euch doch gleich auspeitschen! Menschen, die gemeinsam in ein Drachenboot steigen, haben aufgehört zu kämpfen. Das sind genau diejenigen, die in ihrer Freizeit Finisher-T-shirts des J.P. *Morgan*-Laufs tragen und sich diese stolz in die Hose stecken. Schlimmer sind nur noch Stand-Up-Paddler.

Ich fange schon wieder grundlos an Menschen zu hassen. Sommer in der Stadt ist aber auch einfach furchtbar. Da passiert das automatisch. Ich bin genau das Produkt jener Eltern, die ihr Kind bei jedem noch so schwachen Sonnenstrahl nach draußen zum Spielen geschickt haben. Daher kann ich heutzutage bei Hitze in Innenräumen nichts mit mir anfangen und gehe raus, obwohl ich weiß, dass mir das nicht gut tut. Bei diesen gnadenlosen Temperaturen bleibt leider nur noch eine einzige Option. Ich habe mich lange dagegen gesträubt, aber ich muss ins Freibad. Auf dem Weg komme ich acht Mal an dieser omnipräsenten Bikini-Werbung von *Calzedonia* vorbei. Ich bin noch immer gereizt, weil das leicht bekleidete Model nicht meine Freundin ist. Am Brentanobad angekommen, schließe ich mein Rad vor lauter Wut an ein fremdes Fahrrad an.

Ich brauche dringend eine Abkühlung, aber die ganze Wiese ist voller Handtücher. Es sieht aus wie bei *Tetris*, kurz bevor man verkackt hat. Aufgrund akuten Platzmangels ende ich schließlich mit meinem Handtuch wie ein Gepard auf einem Ast. Egal, ab ins Becken. Und zwar ohne Umschweife. Ich boykottierte diese sadistischen Eiswasser-Schwimmbad-Duschen, die einzig und allein der Menschenquälerei dienen, aus Prinzip. Im Kinderbecken schwimmen überall die Sprösslinge übervorsichtiger, deutscher Eltern umher. Sie alle haben eine daumendicke Schicht Sunblocker mit Lichtschutzfaktor 80 in der Fresse. Hinter sich überziehen die Kinder die Wasseroberfläche mit einem bunten Ölfilm, in dem seltene Vögel verenden.

Also gehe ich zum Schwimmerbecken, auch wenn ich es hasse, nicht stehen zu können. Für mich ist Schwimmen irgendwie immer noch Überlebenskampf – trotz Goldabzeichen, das ich als Statussymbol stolz auf meiner Badehose trage. Kostet 1,70 Euro bei *Ebay*. Ich hechte mit einem astreinen Köpper ins Wasser, der sich während des Fluges aus unerklärlichen Gründen in einen schmerzhaften Bauchklatscher verwandelt. Wenigstens ist das Wasser angenehm kühl. Neben mir hält sich ein Rentner am Beckenrand fest. Ob das auf seinem Kopf eine rote Badekappe oder eine verbrannte Glatze ist, lässt sich nicht genau sagen. Er grinst mich nett an. Im Erdmännchenstyle schaut er in Zeitlupe von links nach rechts und lächelt grenzdebil vor sich hin. Erst jetzt wird mir klar: Das ist exakt der bekiffte Blick, den Leute drauf haben, die gerade entspannt ins Becken pissen. Sofort blickficke ich den unkontrolliert urinierenden Rentner. Da ballert mir plötzlich ein Kopf voll gegen das Steißbein. Es ist einer dieser Torpedo-Trottel in mich gerast, die unbeirrbar wie Lachse ihre Route im Becken fortsetzen, auch wenn sie dabei in zwölf Rücken rein schwimmen. Ein anderer Dullie schnorchelt. Wer schnorchelt denn bitte in einem Schwimmbad? Was gedenkt man dort zu sehen, außer Menschen, die den Unterwasser-Pimmel-Propeller machen? Genervt verlasse ich das Becken, aber nicht ohne vorher nochmal so richtig ins Wasser zu furzen. Es sind ein paar stattliche Blasen.

Auf meinem Weg passiere ich die Sprungturm-Gang, bei der es sich um eine Zusammenkunft aus Personen handelt, die für gewöhnlich beim Autoscooter anzutreffen sind und die ihre Musik laut über das Mobiltelefon zu hören pflegen. Ihre Sonnenbrillen sind stark verspiegelt, um getarntes Geiern zu gewährleisten. Ich habe etwas Schiss vor ihnen und gehe schnell weiter. Dabei trete ich barfuss in eine Portion matschig-labbriger Schwimmbad Pommes. Die Extra-Portion Majo presst sich zwischen meine Zehen und mir wird schlagartig bewusst, weshalb ich Freibäder stets so systematisch meide.

Es sind nicht die Menschen und ihre Scheißigkeit, es ist diese direkte Konfrontation mit Körperlichkeit: Mit der fremden und noch viel mehr mit der eigenen. Dieser ständige fleischliche Vergleich. Ich sehe auf meinen kleinen Bauchansatz herunter, der mich zu einem der Dicksten in meiner Hockeymannschaft macht. Ja, das stresst mich. Und ja, ich verstehe, wieso das *Calzedonia*-Model nicht mit mir zusammen ist. Zur Beruhigung schaue ich daher schnell zu dem fetten Bademeister rüber, der aussieht wie ein gemästeter *Pombär*. Genüsslich krault er sich seine pralle Plauze, die im Ernstfall das Retten eines Menschenlebens verhindern würde.

Ich fühle mich bereits etwas besser. Aber dann fällt mein Blick auf eine Parade-Kante. Er ist fünf Meter breit und erweckt den Eindruck, als wäre er soeben aus einem *Marvel*-Comic ausgebüxt. Ich sehe bildlich vor mir, wie er täglich löffelweise pures Protein frisst. Jenes Protein aus diesen völlig überdimensionierten, neongel-

27

ben Bodybuilder-Kanister-Dosen, deren Verpackungs-design aussieht, als hätten es die *Power Rangers* entworfen. Die Parade-Kante versucht buddhistische Gelassenheit auszustrahlen, während sie vermeintlich locker jede einzelne ihrer extrem durch definierten Muskelpartien anspannt. Der Körper dieses Typs wurde dafür gemacht, dass man sich neben ihm scheiße fühlt. Er ist die Ausgeburt des aktuellen Fitnesswahns. Ich kann mir noch so oft meine geistige Überlegenheit klarmachen – hier ist er der King. Das ist hier ist sein Reich, seine archaische Alphatier-Arena. Survival of the mcfittest. Hier bin ich der Lauch. Der deutsche Otto mit den Mikado-Armen, der gegen ihn wirkt wie eine Figur von *Lego Technik*. Ich passe hier nicht rein. Und ich will es auch nicht. Ich will einfach nur, dass bald wieder Herbst ist.

Hollister

Hollister ist eine Easy-Lifestyle-Surfer-Klamotten-Marke aus Südkalifornien. *Hollister* ist teuer, scheiße und jetzt auch in Frankfurt. Ich rufe hiermit zum Boykott von *Hollister* auf. Die näheren Gründe nenne ich im Folgenden. Wie die *Hells-Angels*-Jacken, *Fishbone*-Kleidung und *Ed-Hardy*-Capys sollte das Tragen von *Hollister* in der Öffentlichkeit unter drakonische Strafen gestellt werden.

Alles begann damit, dass ich doch einfach nur ein schönes T-shirt haben wollte. »Lass uns doch hier mal reingehen«, sagt Anna zu mir und zeigt auf einen Laden in der *MyZeil*, der wie ein Strandbungalow gestaltet ist. Das Geschäft heißt *Hollister*. Der Eingang wird von zwei Typen flankiert, die in Flip Flops, Badehosen und Waschbrettbäuche gekleidet sind. Solche Jungs sind exakt der Grund, weshalb ich mir nie die *Men's Health* kaufe. Genau diese Typen chillen immer mit ihren Überkörpern

29

auf dem Cover und lächeln mich mit halb geöffneter Hose an. Schon jetzt habe ich schlechte Laune und bereue jede Tiefkühlpizza meines Lebens. »Welcome to the Pier«, begrüßt uns einer der Türsteher. Ich wäre jetzt gerne ein Kampfhund.

Wir gehen an einem billig-bunten *Ikea*-Kronleuchter vorbei, der aus irgendeinem Grund auf Kniehöhe hängt, und stehen in der Herrenabteilung, die hier »Dudes« heißt. Der Laden ist eng. Die Musik ist laut, richtig laut. Es ist dunkel. Es riecht überall nach billigem Parfum. Es ist wie im Puff. Schon kommt die erste Nutte auf uns zugeschossen. Ein typischer *Men's* Health-Abonnent. Er sieht aus wie die Mischung aus der 2012er Version von Aaron Carter, einer antiken Skulptur und Ken. Auch er hat die Badehose ein Stück zu weit nach unten gezogen und entblößt seinen v-förmigen Schammuskel. Sein Körper ist noch krasser als die der Türsteher. Neben ihm fühle ich mich nun endgültig wie ein Schneemann – mit kugelrundem Bauch und zwei mickrigen Stöcken als Arme.

»Yo guys, what's up? Ich bin Jack.«, stellt er sich vor. Nie im Leben heißt der Jack. Maximal ist das ein Holger. »Was kann ich für dich tun?«, fragt er Anna, als würde er sie nach der nächsten Stellung fragen. »Ich will ein T-shirt.«, entgegne ich. Es klingt mehr wie ein gepflegtes »Fick dich, du Hurensohn«. Jack grinst. Aus seiner Solariumsfresse blitzen die weißen Zähne, die mich daran erinnern, dass ich mal wieder zum Zahnarzt müsste.

Er sagt zu mir: »T-shirts. Die findest du hier.« Und zeigt mit seinem Fitnessstudio-Arm auf einen Tisch direkt neben mir. Ich stehe da wie der letzte Depp.

Jack lässt seinen linken Brustmuskel drei Mal zum Takt der Musik hüpfen wie Titten auf einem Trampolin. Um diesen Achteklasse-Angeber aus dem Konzept zu bringen, entscheide ich mich, ihn zu siezen: »Jack, welche Größe würden Sie mir denn empfehlen?« Es klappt nicht. Jack mustert mich lediglich von oben bis unten mit einem Blick, der sagt: »Krass, ich bin dir tatsächlich in allen körperlichen Belangen überlegen.« Ich ziehe meinen Bauch ein, Jack bemerkt es. »L«, meint er daraufhin. »Deine Scheiß-Mutter ist L!«, grummele ich in mich hinein.

Aus Prinzip nehme ich mir ein blaues T-shirt in M. Jack wendet sich jetzt endlich anderen Kunden zu. Anna schaut ihm hinterher. Ich tue als hätte ich es nicht bemerkt und ziehe den Vorhang der Umkleidekabine zu. Doch er reicht nicht bis zur Wand. Es scheint eine weitreichende Verschwörung zu sein, dass man mittlerweile in fast alle Umkleidekabinen von außen reingucken kann. Also zwänge ich mich schnell in das T-shirt, denn ich will Anna da draußen nicht mit Jack alleine wissen.

Als ich aus der Umkleide trete, muss ich an eine Zeile von Kool Savas denken: »*My man, ich kann nichts dafür, dass jeder mich hört/ My man, guck, du blamierst dich wie ein zu enges Shirt!*« Jack scheint diese Zeile zu ken-

31

nen, denn er steht schon triumphierend mit der Größe L im Anschlag deutlich zu nah an Anna.

In diesem Moment verstehe ich den Protagonisten aus *Fight Club*, der den neuen, hübschen Blonden komplett zu Brei schlägt und danach sagt: »Ich musste einfach etwas Schönes zerstören.« Ich habe mich noch nie geschlagen. Es hat sich halt noch nicht ergeben. Aber jetzt hätte ich richtig Bock. Ich finde, dass Jack diesem Blonden aus *Fight Club* auch erstaunlich ähnlich sieht. Der Neid macht mich rasend. Als ich das L-shirt aus seiner Hand nehme, hindern mich lediglich meine gute Erziehung und die juristischen Konsequenzen daran hier nicht zum Wildschwein zu werden und ihm mit Anlauf den Kopf voll in die Eier zu rammen.

Zurück in der Kabine beiße ich vor lauter Wut eine Naht auf. Danach gebe ich Jack das Shirt zurück mit dem Kommentar es gefiele mir doch nicht so gut. »Da kann man wohl nichts machen. Have a nice day«, sagt er. »Scheiß drauf, bei dir ist eh alle Hoffnung verloren«, meint er. Als ich mich am Ausgang noch einmal umdrehe, um auf den Boden zu spucken, sehe ich wie Jack mit aufgesetztem Smiley-Face zu der *Hollister*-Musik tanzt, als hätte er diesen muttergefickten Endlos-Loop nie zuvor gehört. Und dann sehe ich am Türrahmen auch noch Jacks Autogrammkarte in einem kitschigen Goldrahmen hängen. Ich merke, dass ich nicht mehr kann.

Mein Kopf brennt, meine Haut wird gläsern. Meine Seele sprintet zurück in die Mitte des Ladens und explodiert als Molotow-Cocktail, während Anna und ich wieder auf die Straße treten. Durch das Sirenengeheul frage ich sie: »Fandest du diesen Jack etwa heiß?« Natürlich will ich hören: »Was? Spinnst du? So einen affektierten Sunny Boy doch nicht!« Stattdessen bekomme ich als Antwort ein vieldeutiges »Och«.

Ich fühle mich niedergeschlagen, minderwertig, labbrig und leer. Deshalb rufe ich Haftbefehl und Gzuz an, wie immer, wenn es mir schlecht geht. Sie werden ein paar Jungs schicken, die Jack nach der Arbeit auflauern. Das Geschäft wird bis auf die Grundmauern niederbrennen. *Hollister* wird die Schutzgeldforderungen nicht zahlen können. Doch ändern wird das nichts. Die Entwicklung ist angestoßen, dass die Models aus der Werbung, von den Plakaten und aus den Fernsehern steigen und beginnen uns zu bedienen. Es sind die schönsten Sklaven, die diese Welt je erblickt hat, und wir müssen sie irgendwie stoppen.

Der Kampf um die Armlehne

»Über den Wolken muss die Freiheit wohl ...« Nein! Ganz sicher nicht. Reinhard Mey ist ein verlogenes Schwein! Über den Wolken ist es schrecklich. Über den Wolken ist man im Flugzeug. Bäh! Fliegen ist die Hölle. Und heute geht's nach Neuseeland. Chillig. vierundzwanzig Stunden im Flieger: Der Spießrutenlauf vor dem Paradies.

Schon am Boden geht der Horror los. Der Akne-Azubi am *Emirates*-Schalter entpuppt sich als sadistischer Super-Satan, denn auf meiner Bordkarte steht: Reihe 42e. Schön in der Mitte der Mitte. Wie Donald Duck stampfe ich mit einer kleinen Gewitterwolke über mir zum Security-Check. Davor steht niemand. Ist ja auch vier Uhr morgens – der Flug war saugünstig.

Trotz mangelnder Massen sind die Absperrbänder mal wieder so aufgebaut, dass man sich völlig sinnlos im *Snake*-Style dadurch bewegen muss. Tensatoren – so heißen diese Absperrbänder im Fachjargon. Tensator.

Das klingt irgendwie gar nicht nach Spaß, eher nach einem Brutalo-Bösewicht. Aber selbstverständlich bleibe ich ein rebellischer Motherfucker und tauche in eiskalter Eleganz unter dem Absperrband hindurch. Leider habe ich vergessen, dass ich einen Rucksack trage. In perfekter Tensatoren-Trottel-Manier verheddere ich mich in dem Band und lande voll auf der Fresse. Aber meine Laune bessert sich an der Passkontrolle, denn ich habe mir meinen Künstlernamen endlich offiziell in meinen Perso und Reisepass eintragen lassen. Das wird ein Spaß. Was wird der Grenzschutzbeamte wohl denken bei einem Jey Jey Glünderling? Wird er mich für einen extrem schlecht getarnten Terroristen halten, böse anschauen und direkt mit dreißig Litern *Berentzen* Saurer Apfel waterboarden? Oder wird er mich fragen, wer mir wohl ins Hirn geschissen hat? Beide Szenarien sind durchaus denkbar. Der Grenzschutzbeamte gibt mir jedoch meinen Pass einfach nur mit gleichgültiger Miene zurück. Er merkt nicht, dass er mich verletzt und zutiefst enttäuscht hat.

Nun geht es in den Flieger und schon beim Betreten sehe ich hinter dem falschen Lippenstift-Lächeln und dem übermotivierten *Sailor Moon*-Blick der Stewardess, dass sie mich direkt auf dem Kieker hat. Ich weiß nicht warum, aber Stewardessen hassen mich immer. Reihe 42e ist wirklich genau so, wie ich sie mir vorgestellt hatte: Richtig scheiße und richtig eng. Die Reihe ist so mittig, dass man aus den weit entfernten Fenstern nur eines sieht: Flügel. Nicht mal Himmel. Nur Flügel.

Gerade habe ich Platz genommen, da wird mein schlimmster Alptraum Wirklichkeit. Ein richtig fieser, junger deutscher Speckmops nähert sich zusammen mit seiner phänomenal fetten Freundin der Reihe 42. Wäre der Typ ein Paninisticker, würde er sicher nicht glitzern. Das Einzige, was glitzert, ist sein Siegelring. Wahrscheinlich ist er ein Graf. Ich wette, er war in einer bonzigen Burschenschaft und die beiden haben sich bei Adel auf dem Radel kennengelernt. Einer Veranstaltung, wo der jugendliche Adel von Schloss zu Schloss fährt mit der Intention, sich schlussendlich standesgemäß unter seinesgleichen zu paaren.

Speckmops setzt sich natürlich direkt neben mich und er geht los: Der Kampf um die Armlehne. Wie selbstverständlich legt er seinen Schwabbelarm flächendeckend auf die Armlehne. Aha, ein typischer Armlehnen-Annektierer also, der meint, seine ihm antrainierte abschätzige Großgrundbesitzer-Dominanz auch an mir ausleben zu können. Aber da hat er sich den Falschen ausgesucht! Vorsichtig schiebe ich mich von links innen auf das hintere Drittel der Lehne und arbeite mich langsam vor. Doch Speckmops ist kein Amateur und gibt seinem Arm einen geschickten 40 Grad-Twist, sodass seine langen schwarzen Häärchen meine Haut kitzeln und ich automatisch zurückzucke. Ich kontere seinen Move, indem ich die FAZ komplett ausbreite und versu-

36

che ihm anhand von Säge-Bewegungen mit der scharfen Kante des Feuilletons in den Arm zu schneiden.

Meine clevere Taktik wird allerdings von der feindseligen *Sailor Moon*-Stewardess durchkreuzt, die mich ermahnt das Safety-Video anzuschauen. Die ganze Zeit guckt sie mich dabei so wütend an, dass ich mir neben der englischen auch die gesamte arabische Version reinziehe.

Zum Glück schlafe ich direkt nach dem Start ein. Die Kombi aus Whiskey und Schlaftabletten erweist sich dabei als enorm effizient. Ich träume von Holzfällern, Sex und Glühwürmchen. Ich erwache mit einer monströsen Morgenlatte, wie ich sie seit meinem 14. Lebensjahr nicht mehr hatte. Und ich trage eine Jogginghose, welche die Kontur harter Gegenstände perfekt wiedergibt. Also klemme ich mir die Morgenlatte hinter den Bund meiner Boxershorts. Das Standardprozedere eines jeden Jungen, der ab der 8. Klasse in der Schule mit plötzlichen Morgenlatten zu kämpfen hatte. Speckmops schläft röchelnd neben mir. Im *Assasin's-Creed*-Style klettere ich galant über ihn hinweg. Als ich auf dem Gang stehe, merke ich den Whiskey überdeutlich und auch den immensen Druck auf meiner Blase. Ich sprinte zur Toilette, will hineinhuschen, checke die Falttechnik der Tür in meinem besoffenen Zustand nicht im Ansatz und balle re voll gegen die Wand als wäre es Gleis 9 ¾. Dann wird es schwarz.

»Meine Damen und Herren, this is your Captian speaking. Wir befinden uns nun in einer Reisehöhe von 12 780 Fuß. Das Wetter in Auckland ist angenehm. Und ...« Who fucking cares?! Diese kratzige Kackdurchsage hat mich aus dem Schlaf gerissen. Das Flugzeug ist das modernste, krasseste und vor allem teuerste Verkehrsmittel der Welt, aber dann spart man solide an der Soundqualität und baut offensichtlich ausgemusterte Reisebus-Mikrofone in die Flieger ein.

Gerade beginne ich mich (zu Recht) über diese Frechheit zu echauffieren, da fällt mir auf, dass ich liege. Und zwar enorm bequem. Zu bequem. Ich blicke mich um. Als Verletzter wurde ich augenscheinlich upgegraded. Bäm! Businessclass. »Und alles was vorher nicht richtig erscheint – wird plötzlich nichtig und klein.«

Backpacker

Die Fanfaren des Fernwehs erfüllen die Luft. Wir müssen hier mal wieder weg, einfach raus, raus in die Welt. Ferne Länder empfangen uns mit feinstem Sand, türkisem Meer und dem Gezwitscher seltener Vögel.

Genau das ist die Welt, die uns der Reiseführer *Lonely Planet* seit über vierzig Jahren verkauft und sie hat den schlimmsten aller Touristentypen hervorgebracht: Den Backpacker. Jenen einsamen, jungen Großstadt-Wohlstands-Menschen, der getrieben von in die Zukunft projizierten Existenzängsten voller Selbstfindungskomplexe in die Fremde stürmt, um sich mit austauschbaren once-in-a-lifetime-experiences zu mästen und dabei nur wie eine abgenabelte, arbeitslose Ameise durch betonierte Trampelpfade stolpert, während er sich an den Schutz photogeshopter Freiheit klammert wie an den Rocksaum seiner Omma.

Vor ein paar Monaten war ich in Laos und dort habe ich die Backpacker so richtig hassen gelernt. Es war akuter Geldmangel, der mich in das feindliche Habitat trieb: Das *Dream Home Hostel*. Das bedeutete ein verwanztes Bett für drei Dollar die Nacht im Zehner-Dorm ohne Aircondition. In der schäbigen Küche rottete es sich zusammen, das räudige Rudel der Backpacker. Einer spielte Gitarre. Es ist ja das Naheliegendste auf eine Rucksackreise, bei der man sich auf das Allernötigste beschränken muss, eine sperrige Scheißgitarre mitzunehmen. Warum nicht gleich ein Cello? Diese Gitarre war zudem mit mehr hässlichen Stickern übersät als ein Formel-1-Wagen.

So saß der Gitarrenspieler nun in der Küche. Eine seiner Dreadlocks tunkte sich in sein veganes, nach Hundefutter stinkendes Chili sin Carne und er sang lauthals und schief »Let it be«. Die anderen Backpacker groovten ihre Körper unbeholfen hin und her, wie sie es bei ihren bekifften Mittelstands-Hippie-Eltern beobachtet hatten. Sie waren wie Soldaten und Hipster – sahen alle gleich aus. Denn der gemeine Backpacker gibt sich durch ein paar auffällige phänotypische Merkmale rasch als solcher zu erkennen:

1. Der abgefuckte Dresscode: Dieser gleicht dem Kleidungsstil hiesiger ASTA-Mitglieder und ist gepaart mit einer Kaspar Hauser-artigen Verwahrlosung des Äußeren. Die Regel stets abgeranzter als die Einheimischen auszusehen, wird penibel befolgt. Besonders

bewusst (als Patina des einfachen, schmutzigen Lebens) platzierter Dreck in der Fresse scheint in diesen Kreisen enormen Swag zu versprühen.

2. Das obligatorische T-shirt: Für den gemeinen Backpacker ist das T-shirt einer lokalen, laotischen Biermarke von größter Bedeutung. Vor Ort symbolisiert das T-shirt den Outgoing-Lifestyle und die stete Bereitschaft zu wilden Strandpartys. Aber erst zu Hause entfaltet das laotische Biermarken-T-Shirt seine eigentliche Wirkung. Auf subtile Art und Weise provoziert das T-Shirt in der Heimat die neugierige Frage nach dessen Herkunft, welche dem Backpacker als perfekter Opener dient, um das viermillionste Mal von seiner abenteuerlichen Reise zu erzählen.

3. Der untervögelte Blick: Der gemeine Backpacker stellt nämlich bereits nach kurzer Zeit fest, dass der Erasmus-Stereotyp der notgeilen, von Schamfesseln entlösten Backpackerin leider nicht der Realität entspricht. Die Hörner können sich daher nicht fachgerecht abgestoßen werden und ein Zehner-Dorm enpuppt sich rasch als ein denkbar ungeeigneter Ort für Selbstbefriedigung. Besonders abgesehen hat es der Backpacker auf die achtzehnjährigen Mädchen, die nach dem Abi mehrere tausend Euro hinblättern, um auf den Galapagos-Inseln kleinen Schildkröten über die Straße zu helfen.

Ich betrat also die Küche des *Dream Home Hostels*. Umgehend folgte mein Lieblings-Standard-Gespräch mit dem schönen Thema »And where have you been?«. Der offizielle Been-There-Done-That-Schwanzvergleich hatte begonnen. Voll postkolonialer Überlegenheit erzählte man sich von Orten ohne Elektrizität oder fließendem Wasser und der exzeptionellen Magie dieser traurigen Umstände. Zur visuellen Untermalung zückten die Backpacker ihre Smartphones und überschütteten mich mit Stock-Fotografie einsamer Landschaften. Und immer schön den Instagram-Filter oben drauf! Danach ging es um Umweltschutz. Ich wies die Backpacker höflich auf ihre internationalen Flüge hin und ging pennen.

Mitten in der Nacht schreckte ich hoch, weil jemand eine Bohrmaschine direkt an mein Ohr hielt. Rasch realisierte ich, dass es sich dabei eigentlich um das ohrenbetäubende Schnarchen des Gitarrenspielers über mir handelte. Seine Dreadlocks baumelten wie *Bifis* hypnotisierend vor mir hin und her. Sie waren so fettig, dass es aussah, als hätte man sie in vier Liter *Müller-Milch* getaucht. Auf Schnarcher darf man ja eigentlich nicht böse sein, weil sie es nicht bewusst tun. Gut, dann hasste ich ihn halt unbewusst.

Ich war hier eingepfercht im Dorm: Eine Ein-Zimmer-WG mit neun Mitbewohnern, die man sich nicht aussuchen konnte und die alle nur nach Storys dürsteten, welche sie mal ihren Scheiß-Enkeln erzählen werden. Völlig übermüdet raffte ich mich auf und verließ das Hostel. Auf der frühmorgendlichen Straße atmete ich einen großen Zug purer Freiheit ein. Ich schulterte meinen Rucksack zum Gezwitscher seltener Vögel und zog in Richtung der aufgehenden, sanft rosafarbenen Sonne. Hinein ins nächste Abenteuer.

WG gesucht

Als ich vor sechs Jahren nach Frankfurt gezogen bin, war ich jung, dumm und dachte Wohnheime wären cool. Ich stellte sie mir wie die Wohnheime aus *American Pie* vor, wo alle sich gut verstehen und miteinander schlafen. Ich dachte, da wäre richtig was los. Stattdessen grüßte man sich nicht auf dem Flur, mir wurden die Pizzen aus dem Ofen weggefressen und in den Duschen hatten scheinbar viele mit massivem Schamhaarausfall zu kämpfen. Die Toiletten wurden um sieben Uhr morgens geputzt und um acht sahen sie schon wieder wie ein brauner Jackson Pollock aus, weil keiner Bock hatte von der Klobürste Gebrauch zu machen. Mittags saß regelmäßig ein Mädchen in der Küche, das aus einer großen Kaffeetasse puren Wodka trank und mich in unfassbar traurige Gespräche verwickelte. Nur der Papagei eines anderen Mädchens auf meinem Flur erfreute mich, weil er meinen Namen sagen konnte.

Bei der folgenden WG-Suche habe ich existenzielle Ängste durchlitten und mir vorgestellt ich würde in einer Turnhalle, einer Kaserne, einem Altenheim, einem Container oder auf einem Zeltplatz landen. Ich erschien zu Massen-Besichtungsterminen, bei denen man zwanghaft das Gespräch an sich reißen musste, um überhaupt einen Eindruck zu hinterlassen.

Ich geriet an Menschen wie Stefanie, die mir bei einem Casting einen Psycho-Fragebogen unter die Nase hielt, auf dem ich ankreuzen musste, ob ich Vinyl, CD oder MP3 favorisiere. Außerdem sollte ich ihr ausführlich die Frage beantworten, was genau Liebe für mich bedeute. Ich habe über den Fragebogen gelacht. Stefanie nicht. Ich wurde nicht zum Recall eingeladen. Und dann endlich nach zahllosen, furchtbaren Castings habe ich meine wunderbare WG gefunden.

Nun, nach einem Jahr stelle ich mich aus der sicheren Distanz meines schönen, warmen Zimmers heraus meiner früheren Angst. Also rufe ich *wg-gesucht.de* auf – einfach weil ich es kann. Ich lehne mich zurück mit der Gelassenheit eines Menschen, der in einer gut funktionierenden Beziehung ist und sich einfühlsam das Geheule seines besten Freundes über das Single-Leben anhört und eigentlich nur denkt: »Geil, dass ich eine Freundin habe.«

Ich klicke mich zunächst durch einen Haufen obligatorischer Floskeln, dass man nicht auf der Suche nach einer Zweck-WG sei, dass das eigene Zimmer als Rückzugsort respektiert werde, dass man gerne gemeinsam koche und nicht aneinander vorbeileben wolle und bla bla bla … Marian allerdings ist erfrischenderweise kein Mann großer Worte, denn unter den Punkt WG-Leben schreibt er nur: »Ja.« Ich spüre ein heftiges Verlangen mich bei ihm zu bewerben. Marians ausführliche Beschreibung ist mir allerdings deutlich lieber als die Swingerclub geschädigte, junggebliebene MILF Natascha, die offensichtlich mehr einen Lustknaben als einen Mitbewohner sucht. Bei ihr steht unter WG-Leben: »Alles kann, nix muss.«

Klaus hingegen hat sich ein cleveres Konzept überlegt und verweist seinen zukünftigen Mitbewohner schon mal vorsorglich auf seinen Platz. Er schreibt: »Du kannst Deine Mietkosten senken, wenn Du Dich um die Sauberkeit der Wohnung kümmerst. Eine langfristige Verweildauer wird erwartet, handwerkliche Fähigkeiten werden noch gebraucht.« Auch hier möchte ich mich sofort bewerben und sein Sklave werden.

Trotzdem sagt mir das deutlich mehr zu als die Anzeige von René, bei dem es sich offensichtlich um einen richtigen Psycho handelt. Seine Selbstbeschreibung lautet: »Ich bin kein Alkoholiker (am Wochenende trinke ich entweder Wein oder Bier oder Scotch) und auch kein Cowboy und kein Dirty Boy.« Wenn ich weiblich wäre, würde diese Aussage mir Angst machen.

Nico und Richard sind im Gegensatz dazu so richtig lässige Typen: »Wir sind nicht nur zwei Mitbewohner, sondern auch einstimmig beschlossenerweise beste Kumpels. Wir sind zwei umgängliche Akademiker, die gerne mal den ein oder anderen lustigen Joke raushauen.« Leute die ihre Witzigkeit betonen müssen sind ja meistens die Witzigsten.

Und dann stoße ich immer wieder auf wohlstandsverwahrloste Menschen wie Susi, die ihre vorherrschende Abneigung gegenüber der Natur durch einen Sauberkeitszwang auf die nächste Stufe hebt. Susi betont ausführlich: »Was natürlich auch noch ein wichtiges Thema ist, ist die Sauberkeit und Ordnung der Wohnung. Es wäre wichtig, dass hier regelmäßig geputzt wird und man in den Gemeinschaftsräumen durch Sauberkeit und Ordnung Rücksicht aufeinander nimmt. Die Schuhe müssen vor der Wohnung ausgezogen werden. Es sollte eine Grundordnung und -sauberkeit vorhanden sein und eingehalten werden, damit sich einfach niemand unwohl fühlt. ;-) Aber alles ganz LOCKER ;-).«
Susis zweifacher Gebrauch des Zwinkersmileys als ironischer Kommentar auf ihre Spießigkeit und der Fakt, dass sie doppelt so viel über Sauberkeit als über ihre eigene Person schreibt, geben mir wirklich das Gefühl, dass es bei ihr so richtig locker zugeht. Außerdem handelt es sich bei den von Susi verwendeten Zwinkersmileys um diejenigen Zwinkersmileys mit Bindestrichnase, die heute keiner mehr jenseits der Generation unserer Eltern benutzt.

Bei den Fotos der angebotenen Zimmer finde ich es immer wieder erstaunlich, wie viel Geschmacklosigkeit man auf so wenigen Quadratmetern unterbringen kann. Thorstens Wohnung hingegen scheint echt alles zu haben, er schreibt: »Außerdem das Beste zum Schluss. Es gibt eine Fluchtleiter, die wir als Balkon nutzen – eignet sich super, um im Sommer zu grillen und ein paar Bierchen zu trinken.« Ich stelle mir bildlich vor wie eine Gruppe von zehn Leuten ganz entspannt auf Thorstens Fluchtleiter grillt und ausgelassen Frisbee spielt.

Zu guter Letzt begegne ich jener Anzeige, die jeder kennt, der jemals in Frankfurt eine günstige WG gesucht hat. Sie lautet:

»Du bist neu in Frankfurt?

Du fängst mit der besten Zeit deines Lebens an?

Du bist ein richtiger Kerl und willst es im Studium krachen lassen?

Fußball und Dosenbier magst Du genauso wie Smoking und Zigarren?

Du findest Traditionen sind wichtig, spannend und alles andere als überholt?

Dann wirf doch mal einen Blick auf: www.burschenschaft-arminia.de.«

WG-*gesucht* ist genau wie *Chatroulette* oder Bahnfahrten, weil es einem vor Augen führt, was für schreckliche und schlimme Menschen es eigentlich gibt. Daher ist dieser

48

Text für alle Wohnungssuchenden. Außerdem ist dieser Text für alle wohnungssuchenden Mädchen, die irgendwann herausfinden, dass bei uns in der WG nie ein Zimmer frei war.

Makler in Frankfurt

Wäre der Makler ein Tier, so wäre er eine Feuerqualle: Schleimig, boshaft und nutzlos. Der größte Penner seines Berufsstandes hatte meine Wohnung wie folgt beschrieben: »Hier hat das gleißende Glück ein Zuhause. Wunderschöne Lage mit urbanem Flair in der Frischluftschneise Frankfurts. Die Großstadt durchflutet dieses über hundert Jahre alte Haus. Der einzige Haken ist die Nähe zu den Bahngleisen.«

In jugendlichem Leichtsinn habe ich diese Todeswarnung ignoriert. Ein Makler erwähnte von sich aus einen Haken und ich bin eingezogen. In der Nähe der Bahngleise? Alter, die Scheißgleise verlaufen genau 12,6 Meter vor meinem Fenster. Ja, ich habe das nachgemessen. Die Züge lassen mein gesamtes Inventar dauerhaft erzittern, als würde Hans Entertainment neben mir Dreisprung üben. In der ersten Nacht habe ich geweint und fast gar nicht geschlafen. In der zweiten Nacht habe ich noch mehr geweint und noch weniger geschlafen. In der dritten Nacht begann meine Schlaftabletten-Sucht.

Ich war komplett am Ende. Also kontaktierte ich meinen Makler so, wie es sich gehört: Per Drohbrief, den ich in stundenlanger Bastelarbeit aus Zeitungsschnipseln der *Bravo Sport* zusammengesetzt und mit Schweineblutstropfen versehen hatte. Nichts passierte. Der Pisser hatte sich mit meiner Wucher-Provision sicher bereits in eine FKK-Villa in St. Gallen eingemietet, wo ihm Nutten kiloweise Koks und Kaviar in den Penis stopften.

Mein Makler führte also den perfekten Lifestyle, während ich schwerst depressiv wurde. Dieser Wahnsinn hält bis heute an. Auch nach drei Jahren in der Wohnung versuchen mich meine Freunde täglich zu ermutigen: »Ach, da gewöhnt man sich schon dran«. Am Arsch gewöhnt man sich daran, zwölf Mal pro Nacht von den Zügen aufzuwachen. Aber ich bin noch kein Prostata-Problem geplagter Oppa, der ständig nachts hochschreckt, weil der Rüssel in die Schüssel muss.

Es fühlt sich an als würde der Jakobsweg der Elefanten straight durch mein Zimmer verlaufen. Vor meinem Fenster fährt nicht mal ab und an ein Zug. Nein, vor meinem Fenster befindet sich das Einfallstor aller Pendler des Rhein-Main-Gebietes. Es ist keine Verkehrsader, es ist eine Verkehrsaorta. Da wären zunächst die S3, die S4, die S5 und die S6. Die s-bahnen kommen so oft, dass ich manche Fahrer mittlerweile mit Namen kenne und

51

sie akustisch an ihrem Fahrstil unterscheiden kann. Zum Beispiel gibt Dirk mit der S3 in der kurzen Kurve vor meinem Fenster gerne noch ein bisschen Gas, während Manfred seine S5 an dieser Stelle entspannt ausrollen lässt.

Aber all das wäre noch irgendwie erträglich, wären da nicht die Endgegner für jedes Ohr: Die Güterzüge. Tonnenschwere, knallharte Motherfucker auf Gleisen. Es sind die Babos unter den Zügen. Sie spielen in der Champions League der Tinniti, falls das der Plural von Tinnitus ist. Güterzüge fühlen sich an wie der ballernde Bass in einem guten Club gemischt mit dem fiesen Fiepen der Höhen in einem beschissenen Club.

Und trotzdem sind die Güterzüge nur die Endgegner. Der Endboss stand mir noch bevor. Dieser wurde mir in Form eines Briefes zwei Wochen nach Einzug angekündigt. Es war ein Schreiben von der Deutschen Bahn mit einem Maulwurf drauf. Dieser Maulwurf mit dem gelben Helm und der Warnweste und dem Rüssel. Max Maulwurf heißt der. Hat sogar eine eigene Facebook-Seite. 1687 Likes. Wer zur Hölle liket Max Maulwurf? Max Maulwurf ist der Hiob 2.0. Und seine Botschaft an mich lautete: Gleisbauarbeiten.

Nach drei Tagen kamen sie. Die in orange gekleideten Dämonen, die Sadisten mit den Schweißgeräten. Die Arbeitszeiten der Gleisbauarbeiter waren von 1 Uhr bis 6 Uhr morgens. Die Jungs rasteten komplett aus. Es war

52

so laut, dass mir für die Beschreibung keine übertriebenen Vergleiche mehr einfielen.

Mit diesem Text befürworte ich daher jeglichen Streik der Deutschen Bahn. Diese Streiks sind für mich ein wahrer Segen. Und wenn die Bahn mal ausnahmsweise nicht streikt, schicke ich eine entspannte Bombendrohung raus oder schmeiße Gummipuppen aus meinem Fenster vor die Züge. Klappt immer. Aber meine eigentliche Vollzeitbeschäftigung besteht darin, gefälschte Visitenkarten meines Maklers an die Zeugen Jehovas, Opus Dei oder Scientology zu verschicken. Dazu die immer gleiche Botschaft: »Jungs, ich feier euch hart und will euch mit unfassbar viel Geld überschütten. Meldet euch bei mir! Bitte!«

So stand nach zwei Monaten mein Makler vor der Tür und bettelte auf Knien um Vergebung. Doch ich sagte nur kaltschnäuzig: »Nee, mein Lieber, der Zug ist abgefahren!«

Hugh Grant

Mein Mitbewohner hat mal so krass gekackt, dass sich die Scheiße im Klo bewegte. Zumindest dachte ich das im ersten Moment, als morgens eine Taube in unserer Schüssel hockte. Offensichtlich hatte sich dieser verballerte Voll-Pfosten-Vogel nachts unser Klo als optimales Trinkbecken ausgesucht. Dass sich die Taube dabei einen Flügel begrochen hatte, merkten wir leider erst, als wir sie aus dem vierten Stocks Richtung Freiheit warfen.

Sowas gab es nur in unserer abgefuckten WG. Die Zeit in der WG stellte eine Ära dar und bildete den integralen Bestandteil meines studentischen Lebens. Alles war so stilecht: Die Silberfischfamilie im Bad, die getrocknete Kotze auf dem Router, die undichten Fenster, die zugerauchten Wände in der Farbe von Taxilack und meine Gasofen-Heizung, die wirklich so heiß wurde, dass man ein Spiegelei darauf braten konnte. Das stimmt, haben wir überprüft. Ein weiteres Highlight waren die Hausmeister, die ständig irgendwelche Sachen abmontierten, meinten sie wären gleich wieder da und dann wochenlang nicht zurückkamen, während der gesamte Wasserhahn in der Dusche fehlte. Kurzum, es war eine wahnsinnig geile Zeit.

Dann bekam ich einen Job und auf einmal war mir alles in der WG viel zu anstrengend. Ich wohne jetzt seit einem Jahr alleine. Es ist ein Traum. Ok, ehrlich gesagt, saß ich am Anfang immer alleine beim Frühstück und löste jeden Morgen auf's Neue das Rückseiten-Rätsel auf der *Smacks*-Packung, weil ich keinen zum Reden hatte. Und dieses trottelige Rotz-Rätsel stellt halt auch keine Riesen-Herausforderung dar, denn das Lösungswort lautet immer »Kellogs«.

Aber bald erschlossen sich mir auch die Vorzüge des Alleine-Wohnens, denn es war das Ende jeglicher Kompromisse: Mit offener Tür easy bam beasy klein oder wahlweise groß machen, ständig nackt rumlaufen und direkt in jeden Raum einfach so reinlatschen zu können, ohne hinter der Tür einen mastubierenden Mitbewohner zu erschrecken. Auch musste ich morgens nicht mehr Ewigkeiten vor dem Bad warten und mir anhören, wie mein Mitbewohner entspannt unter der Dusche »Who let the dogs out« sang, während meine Blase jede Sekunde zu platzen drohte. Nun war es endlich vorbei, dass ich mitten in der Nacht von dem Hardcore-Gestöhne einer Frau nebenan wach wurde und vor Frust nicht mehr einschlafen konnte, weil bei mir noch nie eine Frau so laut gestöhnt hatte.

Das Alleine-Wohnen macht mich glücklich. Allerdings merke ich mittlerweile auch, dass etwas in mir zum Vorschein kommt, das ich bisher nicht kannte. Etwas sehr, sehr Dunkles. Ich habe begonnen regelmäßig aufzuräumen. Und danach habe ich tatsächlich stets das Gefühl, ich hätte mein vercracktes Leben wieder im Griff. Bei mir zu Hause sieht es aus wie in so einem scheiss *Polly Pocket*-Häuschen. Ich ertappe mich dabei, dass ich auf einmal direkt nach dem Essen das Geschirr abspüle, damit es nicht morgens gemacht werden muss. Wie vorausschauend! Früher habe ich das einfach ausgesessen, bis irgendjemand den meterhohen Geschirr-*Jenga*-Turm zum Einstürzen brachte, weil er ein für die Statik wichtiges Messer herauszog. Heute wechsele ich sogar regelmäßig das Glas, in das ich meine Zahnbürste stelle.

Außerdem besitze ich plötzlich extrem außergewöhnliche Dinge. Ich habe jetzt ein Sideboard und finde es voll geil. Vor zwei Wochen wusste ich nicht mal, was ein Sideboard ist, aber dann begann ich mich aus dem Nichts heraus für Inneneinrichtung zu interessieren und jetzt habe ich ein sexy Sideboard. Ich besitze auch einen Brotkorb. Naja, einen Brotkorb zu besitzen ist ja noch in Ordnung. Aber ich benutze ihn sogar. Wasser trinke ich seit neuestem aus einer Karaffe, weil ich eine Karaffe habe. Mein neuer bester Freund heißt Schlubbi-Schlubb-Schlubb und ist ein Staubsaugroboter. Ich verliere völlig die Kontrolle. Selbst das Klopapier packe ich mittlerweile in die dafür vorgesehene Halterung, auch wenn ich mir dabei ständig die Finger einklemme. Was stimmt nicht mit mir?

Ich fürchte, ich bin sesshaft geworden. Die Bequemlichkeit hat mich eiskalt erwischt. Ich weiß nicht, ob bei Menschen irgendeine Sicherung durchbrennt, wenn sie ihre eigene Höhle besitzen. Ich fühle mich auf jeden Fall so. Dass ich kein kompletter Spießer bin, begründe ich mir nur noch damit, dass ich nicht jeden Morgen mein Bett mache und bei Regen auf dem Rad kein reudiges Regencape trage. Die Spießigkeit ist genau wie Hugh Grant: Sie grinst dich so lange grenzdebil an und stalkt dich, bis du schwach wirst.

Aber wenigstens gehe ich ja noch immer auf WG-Partys. Ich erlebe noch immer diese Momente, wenn man besoffen in einem fremden WG-Badezimmer steht, da nur ein einziges Handtuch an der Tür hängt und man ganz genau weiß, dass das kein Gästehandtuch ist, sondern ein Handtuch mit dem sich einer der WG-Bewohner nach dem Duschen den gesamten Körper abgetrocknet und besonders intensiv durch den Intimbereich gerubbelt hat. Aber dann steht man nun mal da in diesem fremden WG-Badezimmer und hat nasse Hände. Und dann macht man's doch. In diesen Momenten bin ich einfach nur dankbar dafür, dass dieses Handtuch nicht mehr meins ist.

57

Snowboard

Ich glaube, ich werde langsam alt. Ich merke das zunächst einmal daran, dass ich so einen Satz überhaupt schreibe und wirklich so keinerlei Verständnis für *SnapChat* aufbringen kann. Hinzu kommen meine wachsenden Geheimratsecken, mein zunehmendes Ruhebedürfnis und, dass ich vor einer Woche im Club gesiezt wurde – von einem Türsteher. Ich wusste gar nicht, dass Türsteher diese Form der Anrede überhaupt beherrschen.

Außerdem hat mir letztens GMX in Form von personalisierter Werbung in meinem Email-Postfach den Erwerb eines Treppenliftes nahegelegt. Mich würde mal interessieren, woraus dieser Arschloch-Algorithmus das geschlussfolgert hat. Wie kommt der bei einem stetigen Wechsel zwischen Facebook, Youtube und Pornhub bitte darauf? Und ja, ich habe mega Schiss davor alt zu werden. Also dachte ich mir, dass ich mal wieder was

Cooles machen muss, so wie die jungen Leute. Ich beschloss also das Snowboardfahren zu erlernen.

Zwei Wochen später: Nach einer entspannten 12-stündigen Busfahrt mit obligatorisch verstopftem Klo und der Endlosschleife einer *Schlaflos in Seattle*-vhs, erreichen wir Zell am See. Es ist wirklich schön. So ein typischer Ort, wo man mit dem *Herzblatt*-Hubschrauber hinfliegt. Meine Ferienwohnung entpuppt sich allerdings als eine Geschmacks-Guillotine: Eine Schlafzimmerwand ist komplett im Zebra-Look »designed« und es gibt nur Bettwäsche aus Satin. Die Bilder an der Wand sehen aus Landschaften gemalt von Adolf Hitler. Und überall sind diese abgerundeten, weinroten Plastik-Türklinken, mit der jede deutsche Grundschule ausgestattet ist und die schon im frühkindlichen Stadium irreparable Schäden der ästhetischen Wahrnehmung verursachen. Irgendwie erinnern mich diese dämonischen Dinger ans Altern, daher mache ich mich direkt auf zur Piste.

Dort lerne ich unseren Snowboardlehrer kennen. Er heißt Sven und sieht wie die männliche Version einer Spielerfrau aus. Also sehr gut. Sven trägt dieselbe Jacke wie ich. An ihm sieht sie cool aus. Ich ähnele darin eher einem klassischen Skischanzen-Schlabberanzugs-Lauch. Heute war nur noch der Kinderkurs frei. Die kleinen Rotzlöffel lernen unfassbar schnell. Nach einer halben Stunde können sie Sven problemlos den Hang hinterherfahren. In dieser Zeit habe ich neun schmerzhafte Steißbein-Stürze erlitten und mir die Arschritze mit Schnee

59

vollgestopft, ohne einmal auf dem verkackten Brett gestanden zu haben. Endlich schaffe ich es. »Boah, bin ich geil«, denke ich, während ich mich gefährlich schnell bergab neige. Ich nehme rasch an Fahrt auf. Zu rasch. Die Rasch-Hour hat geschlagen. Keine Kontrolle, nicht mal im Ansatz. Jetzt heißt es nur noch: »LET'S GET READY TO RUUUUUMBLEEE!«

Mein Snowboard verwandelt sich schlagartig in einen Rammbock, als ich in die Kindergruppe rase und die Knirpse im *Domino Day*-Style ineinander und anschließend auf die Fresse fliegen. Das Video der GoPro auf meinem Helm verspricht ein Youtube-Hype zu werden. Vielleicht springt dabei sogar ein *Red Bull*-Sponsoring raus. Mit gefühlten 800 km/h ballere ich über die Piste. Ich passiere eine Schneekanone im Abstand von einem Meter. Ein Scheißerlebnis. Dann geht's ab in den Tiefschnee. IN den Tiefschnee. Leider kommt kein Gin Tonic bestückter Bernhardiner, dafür aber Sven mit einer Schneeschaufel. Nachdem er mich ausgebuddelt hat, finde ich ihn kurzzeitig nett.

Der Rest des Tages bleibt blöd, aber lehrreich. Ich lerne, dass man auf Ziehwegen nicht gezogen wird, sondern sich mit der Snowboard-Fußfessel im Zombiemodus fortbewegen muss. Auch lerne ich, dass T-Lifte die Fruchtbarkeit massiv gefährden können und man nicht versehentlich in den Funpark abbiegen sollte. Aber vor allem lerne ich, dass Skiurlaub hauptsächlich eines ist: Schmerz. Ich verstehe nicht, wieso man das macht. Immer tut irgendwas weh – wegen Kälte oder Dummheit. Ich beschränke mich daher auf den einzig wahren Wintersport: Rodeln. Ich setze mich auf mein Snowboard und fahre straight zum Après-Ski.

Après-Ski: Es ist mir ein Rätsel, wie eine so fiese Veranstaltung einen französischen Namen erhalten konnte. Ich betrete ein kreisrundes Zelt, an dessen Plastikplanen die Schweißperlen bächeweise gen Boden strudeln. Alles ist voller Junggesellenabschied feiernder, »So gehen die Gauchos« singender, bei RTL-Nachrichten die Stimmen aus dem Volk abgebender, Gespräche mit einem Kopfhörer im Ohr führender, mit dem Zeigefinger in der Luft tanzender, für das *Iphone 6s* ganze Nächte anstehender Menschen.

Ich reiße mir in der Hitze die Fleece-Mütze vom Kopf und ZACK! Elektrohaare. Meine Frisur sieht aus wie bei den kleinen Plastik-Trollen aus den 90er Jahren. Sven schleift mich mit zur Theke. Die Wirtin macht mir Angst. Ihre Haut hat die Farbe von Gegenständen, die im Dunkeln leuchten und sie lächelt hexenhaft, als Sven Jagertee bestellt.

Jagertee: Das ist eine Mischung aus schwarzem Tee und Rum. Angeblich hat er nur 12 bis 15 Prozent. Das ist allerdings eine unfassbare Lüge! 666 Prozent ist deutlich realistischer. Es ist die Hardcore-Hölle. Jagertee riecht wie die aufgewärmte Version von Scheiße mit Alkohol. Das Zeug schmeckt extrem nach Alkoholikerinnen-Muttermilch. Woher ich das weiß? Spielt keine Rolle.

Nach vier runter gestürzten Jagertees kommt er in mir hoch – der innere Zlatko. Sven und ich liegen uns in den Armen und »Durch die Nacht« ist der beste Song der Welt. Alle Schmerzen sind dahin. All der Hass verflüchtigt sich im immergleichen Takt der geilen Kackmusik. Bald schon ähnelt mein Wortschatz dem von Hodor aus *Game of Thrones*. Ich besteige den Barhocker, versuche es zumindest und dann macht es »Klatsch-i-Klatsch«. Als ich in Embryonalstellung auf dem Boden liege und Urlaute von mir gebe, fühle ich mich plötzlich wieder jung – zu jung. Ein Treppenlift ins Bett wäre jetzt doch ganz praktisch.

Böller

31. Dezember. Berliner Hauptbahnhof. Schlechte Laune. Ich steige dank rumschreiender Koks-Kinder mit fiesesten Kopfschmerzen aus dem Zug. Auf dem Weg zum Ausgang passiere ich zusätzlich meinen absoluten Lieblingsladen: *Lush*. Dieses stinkende Geschäft mit Seifen für alle Lebenslagen. Schon im Vorbeigehen fühlen sich meine Nasenschleimhäute an, als hätte ich eine Packung *Ahoi-Brause* weggesnifft. Endlich trete ich ins Freie und atme tief ein. Er ist wieder da, dieser traumhafte Geruch, getränkt von Nostalgie und Freiheit. Dieser Duft, den man an jeder Frau so gerne riechen würde. Der Duft von Böllern.

Eine Rakete schlägt zwei Meter über meinem Kopf ein, Felix ist da. Was für ein gebührender Empfang. Und sofort geht es los zur »Bumm Bumm Oase«. Was wie ein schäbiger Flatrate-Puff klingt, ist in Wirklichkeit ein Pyromanen-Paradies. Dieser sonst leer stehende Laden erwacht am 29. Dezember für drei Tage zum Leben und verwandelt sich in eine vollgestopfte Feuerwerks-Waffenkammer. Es ist wie in Agentenfilmen, wenn sich die Geheimwände drehen und hinter ihnen plötzlich ein gigantisches Kriegsarsenal zum Vorschein kommt. Felix und ich rasten mit unserem Einkaufswagen härter aus als die Kinder am Ende vom *Toy Club* auf Super RTL. Nicht grundlos bin ich mit einem leeren Koffer angereist. Als unser Einkauf den Betrag von 340 Euro überschreitet, scheint der Verkäufer uns als Artgenossen anzuerkennen und nimmt uns mit auf den Parkplatz. Im Kofferraum seines Autos liegen Böller mit polnischer Aufschrift, die nach seiner Aussage jedoch absolut legal und völlig unbedenklich seien. Nach einem kurzen Test, sind wir uns sicher: Legal sind die nicht, aber richtig geil. Es ist so wunderbar! Endlich kann man wieder Böller in Hundehaufen stecken, Raketen in Dixiklos drücken und Scheiße auf andere ausgeklügelte Arten explodieren lassen.

Menschen, die Böller als optisch langweilig empfinden, sind dumm. Denn der gemeine Böller besticht auf formaler Ebene nicht nur durch sein äußerst schlichtes Erscheinungsbild, sondern ebenso durch seine phallische Anmutung. Dabei rekurriert die zylindrische Simplizität selbstverständlich auf das Form-Follws-Function-Bestreben des Bauhauses. Das energetische Potential des Böllers wird geschickt durch die Lunte angedeutet, welche in ihrer Fragilität ein kompositorisches Gegengewicht zur massiven Verdichtung des Sprengkörpers bildet.

Trotz seines nicht zu bestreitenden ästhetischen Werts ist der Böller zu einem Hassobjekt der Political Correctness mutiert. Er wird regelrecht geächtet. Wer böllert, ist laut, gefährlich, verschwenderisch, umweltfeindlich, dekadent, dämlich und asozial. Ja, und genau darum geht's! Einmal im Jahr auf offener Straße demonstrativ Geld verbrennen, das ist die Message.

Silvester muss mega mies werden. Und nun stehe ich am 31. Dezember der Gastgeberin einer richtig schlechten Spießer-Party gegenüber. Es war aber auch klar, dass meine viel zu hohe Erwartungshaltung an den Abend wie immer enttäuscht wird. Der Name der Gastgeberin ist Cäcilie. Die Altehrwürdigkeit ihres lang tradierten, häßlichen Scheißnamens spiegelt sich in ihrem Aussehen wider. Wenn man Cäcilie heißt, scheint sich der Kragen automatisch hochzuklappen. Trotzdem habe ich sie bereits geküsst. Aber nur weil Cäcilie zur Begrüßung einen auf Küsschen-Küsschen machen wollte, ich nicht wusste, auf welcher Seite ich anfangen sollte, und die Fifty-Fifty-Chance verkackt hab. Cäcilie stellt mir ihre Freundin vor. Sie heißt Renate. Renate ist wie ein reifer Ginkobaum. Sieht gut aus, riecht aber nach Kotze. Renate verunsichert mich, weil sie ständig am Satzende meinen Namen sagt. Lass uns rauchen, Jey Jey. Ich muss auf's Klo, Jey Jey. Bla, bla, bla, Jey Jey. Ich frage mich langsam, ob sie im o2-Kundencenter arbeitet.

65

Als ich zur Beruhigung ein paar Böller vom Balkon werfe, sagt Renate zu mir, dass Feuerwerkskörper kacke seien. Das hätte sie nicht tun sollen. Ich erläutere Renate die ganz eigene Ästhetik des Böllers. Der gemeine Böller besticht auf formaler Ebene nämlich nicht nur durch sein äußerst schlichtes Erscheinungsbild, sondern ebenso durch seine phallische – Renate geht. Ich folge ihr. Die anderen machen in der Küche Bleigießen. Und weil alle mega unkreativ sind, haben sie nur Wolken oder Felsen. Ich zwinge Renate mit mir *Looping Louie* zu spielen. Und zwar die Absinth-Version. Es dauert nicht lange, bis ich voller bin als der Butler am Ende von »Dinner for One«. Dann ist es plötzlich zwölf Uhr. Das neue Jahr beginnt mit einem Döner, der mir entgegenspritzt, weil Felix ihn mit einem Böller garniert hat. Berlin verwandelt sich in Cape Caneveral. Statt unsere Böller zu bewundern, stehen alle um Gustav rum, weil Gustav Batterien abfeuert. Erstens sind Batterien die aller billigste Art, um Frauen zu beeindrucken, und zweitens sind Batterein keine Kunst, sondern das automatisierte Vorgaukeln von Können. Schlicht unprofessionell!

Nachdem wir einen Kühlschrank zerlegt und vier Böllerschlachten gewonnen haben, von zwei WG-Parties geflogen sind und ich den Hausschlüssel von Felix verloren habe, wird es langsam hell und ich komme wieder zu mir. Mein rechter Daumen sieht aus wie das letzte, verkohlte Würstchen eines langen Grillabends und meine Haut hat die Struktur eines porösen Fahrradschlauchs angenommen. Ich stehe in einem Kriegsgebiet. Überall verdreckte Einöde, verkaterte, unverklärte Realität. Ich warte auf den erwachenden Phönix aus der Asche, aber alles bleibt, wie es ist: Einfach nur richtig trist.

Der Künstler Wolfgang Tillmans hat mal eine Fotoserie der Böllerreste in den Straßen Berlins gemacht. Es sind Stillleben der überflüssigen Vergänglichkeit, des seelenlosen Mülls. Verregnete, explodierte Böller strahlen die gleiche Traurigkeit aus wie benutzte Kondome. Vielleicht hat Tillmans die eigentliche Ästhetik der Böller damit ganz treffend eingefangen.

Flipper
(Nein, nicht der Delfin)

»Zum Tannenbaum« ist eine Kneipe in Frankfurt und die ist richtig ehrlich. An der Bar arbeitet Uwe. Uwe sieht aus wie ein Ex-Leipziger-Ultra und seine Augenringe sind wie die Jahresringe eines Baums, jedes Jahr kommt einer dazu. Eine echte Gesichts-Dendrochronologie. Uwes Laune ist immer scheiße und zwar völlig ungefiltert. Der Typ steht morgens nicht mit dem linken Fuß auf, sondern wird scheinbar direkt per Blutgrätsche geweckt. Wäre Uwe ein Hund ... wäre er ein Hund. Manchmal bestelle ich bei Uwe einen *Bacardi Breezer* – einfach nur, um ihn eskalieren zu lassen.

Deswegen komme ich ja so gerne in den »Tannenbaum«. Aber vor allem komme ich, weil Uwe eine Sache noch besser kann als ein grimmiger, grundlos gereizter Griesgram zu sein. Uwe hat sich an dem Flipperautomaten des »Tannenbaums« mit dem sagenhaften, epochalen, absurd hohen Punktestand von 1,2 Milliarden verewigt. Es scheint, als hätten seine Eltern ihm diesen kurzen Namen einzig und allein aus dem Grund gegeben, damit er ihn eines Tages perfekt in die drei Ziffern des Flippers-Highscores eintragen kann. U. W. E. Und aus irgendeinem dummen Grund habe ich beschlossen, diesen Highscore zu knacken.

Ich stehe also wieder vor dem Flipperautomaten im »Tannenbaum« sodass mir schon seit zwei Stunden die Zunge wie bei einem dementen Lama aus dem Maul hängt. Manch unwissende, ahnungslose, unfundiert urteilende Dilettanten sind ja tatsächlich der Meinung, es gehe beim Flippern nur darum, eine sinnlose Kugel im Spiel zu halten. Da muss man sich nicht wundern, wenn diese Menschen unglücklich sind. Denn Flipperatuomaten sind magisch: Eine Kugel auf einem schrägen Tisch – BÄM! Was für eine deepe Metapher für das gesamte Leben.

Flipperautomaten sind die Urzeitkrebse aus dem *Yps*-Heft, welche die digitale Wunderwelle überlebt haben, weil sie geil sind. Sie sind in unserer Zeit so deplatziert wie Kaugummiautomaten und doch eines der letzten Relikte analoger, transparent-mechanischer Bespaßung. Außerdem bringen Flippertische, die beiden wichtigsten Eigenschaften mit, um mich nachhaltig zu beeindrucken: Sie sind bunt und laut.

Ehrlich gesagt, kannte ich Flippertische bis vor einem Jahr wie die meisten nur aus Computerspielen. Meins hieß *3D Ultra Pinball* und erschien 1995. Als Kind habe ich das fies gesuchtet. Gut, ich hatte auch nichts anderes.

Meine Eltern waren nämlich enorm hinterlistig und schlau, als sie mir mit zwölf Jahren großherzig einen Computer schenkten. Aber es war kein echter Computer, es war ein *Macintosh*. Und damals war *Apple* noch nicht cool. Damals war *Apple* einfach nur ein antiquierter Kack-Konzern, der den Schuss nicht gehört hatte. *Die Siedler 2* gab es schon als Gratis-CD in der PC *Games*, aber für *Macintosh* kostete es immer noch dreißig Mark.

Mittlerweile habe ich zum fünften Mal einen Zehn-Euro-Schein von Uwe in Zwei-Euro-Stücke wechseln lassen. Jedes Mal umspielte seine Mundwinkel dieses subtile, doch süffisante Mona-Lisa-Grinsen – die Überlegenheit des Rekordhalters. Uwe hat längst verstanden, dass ich nicht aus Spaß rumflippere, sondern seinem Rekord den Krieg erklärt habe. Er sieht das infernalische Feuer der extremen Entschlossenheit in meinen Augen. Wir blickficken uns gefühlte drei Minuten, bis ich an den Flipper zurückkehre. Ich werde immer präziser, immer abgeklärter, immer besser. Die Punkte regnen nur so auf mich herab. Den Stand von 700 Millionen habe ich längst hinter mir gelassen. Uwe kommt immer wieder unverdächtig angesneakt und überprüft meinen Punktestand. 900 Millionen. Multiball. Jetzt geht's ab.

Ich tauche in den Tunnel ein, das Hirn in den Fingern jongliere ich sanft mit den polierten Metallkugeln. Endlich habe ich einen Run, endlich bin ich – BAMM! Plötzlich knallt eine *Bacardi Breezer*-Flasche neben mir auf den Tisch. Cleverer Move, lieber Uwe. Er versucht also mich aus dem Konzept zu bringen, indem er nett zu mir ist. Nice Try! Aber ich, ich habe gerade die Schallmauer der Milliarden Punkte überschritten.

Zwei unglaublich heiße Schwerter stellen sich neben mich und beobachten mein nahezu perfektes Spiel. Sie kichern leise und dann sagt die eine, dass sie gerne meine Nummer hätte. Ohne aufzuschauen, blaffe ich sie an: »Denkst du, ich bin dumm?! Denkst du, ich checke nicht, dass Uwe euch geschickt hat, um mich rallig und unkonzentriert zu machen?! Für wie beschränkt haltet ihr mich eigentlich?!« In ihren geschockten Blicken lese ich, dass Uwe sie nicht geschickt hat. Offensichtlich werde ich leicht paranoid. Und genau das scheint Uwes perfider Plan zu sein.

Egal, ich lasse mich nicht unterkriegen, ich bin ich ein Survivor. 1,1 Milliarden. Nur noch lächerliche 100 Millionen bei vierfachem Monsterbonus. Die Spannung im Raum ist zum Schneiden. Alle unterhalten sich normal weiter, aber ich spüre, dass sie spüren, dass hier gerade etwas ganz, ganz, ganz Großes passiert. Und da ertönt endlich die epische, orgiastische, engelsgleiche Sirene des Highscores. Schwere Schritte nähern sich von hinten, ich drehe mich um und sehe Uwe. Aber es ist nicht mehr Uwe, es ist nur noch eine hassverzerrte Grimasse, die sich viel zu rasch nähert. Ich schaffe es nur noch meine drei Highscore-Buchstaben in den Automaten zu hacken – s.o.s.

71

Kippenmann

SPLASH! – das größte Hip-Hop-Festival Deutschlands. 25000 junge Menschen haben Bock, so richtig Bock sich vier Tage lang aggressivst wegzuschießen, aus dem Leben zu rotzen, umzulöten, wegzuflammen, kaputtzunieten, wegzubolzen, abzudichten, umzutröten und sich das Gehirn zu zerschreddern. Sie werden kaum schlafen, beschissenes, fettiges und überteuertes Essen fressen, Dixi-Klos umschmeißen und sich nach drei Tagen dafür feiern, dass sie immer noch nicht geduscht haben. Gestank wird zum Statussymbol. Festivals wie diese sind der einzige Grund, weshalb Ravioli in Dosen überhaupt noch produziert werden. Wer wissen will, wie die Müllteppiche von der Größe Mitteleuropas in den Ozeanen entstehen, der muss nur mal ein Festivalgelände am letzten Tag besichtigen. Nüchtern betrachtet sind Festivals die Hölle auf Erden. Aber man betrachtet Festivals ja nicht nüchtern. Besonders nicht wir, denn unser Kofferraum sieht aus als beinhalte er den

Jahreseinkauf einer alkoholsüchtigen, russischen Groß-familie.

Wir betreten den Zeltplatz, das Herzstück eines jeden Festivals, die aberwitzige Arena der Anarchie, das Disneyland der Destruktion. Ich bin bereits voll bis zum Anschlag und bewege mich wie eine Horde Giraffen auf einer Hüpfburg. Der einzige leere Spot für unser verschimmeltes Wurfzelt ist neben dem Generator der Bushido hörenden Sachsen. Jede Musikrichtung zieht ja bekanntlich ihr eigenes Klientel an und das von Deutschrap ist besonders schlimm und sächsisch.

Dennoch liebe ich Hip Hop. Dieser Fokus auf der Sprachgewalt, wenn Worte zu wahren Wundern werden, wenn das riesige Reich der Reime den repetitiven Rhythmus umrundet und ausgefallene Phrasen ihre fantasievollsten Facetten entfalten. Aber Hip Hop hat auch eine sehr hässliche Seite: Das Freestyle-Battle. Erwachsene Männer stehen einander gegenüber und beleidigen voller Inbrunst von der Schwester bis zur Uromma jede weibliche Bezugsperson des Gegners. Das ist völlig niveaulos, unglaublich stupide und richtig geil.

Vor den Toiletten steht ein 17-Jähriger, der rein optisch eine erstaunliche Ähnlichkeit zu Hein Blöd aufweist. Er freestylet und zwar absurd schlecht. Das kompetitive Tier in mir wird wach. Ich bin voll im Modus und zehn Sekunden später schreie ich ihm stumpfe, gereimte Beleidigungen der untersten Schublade entgegen.

Geil, dass so was als Kunstform durchgeht. Es ist so wahnsinnig befreiend – so eine richtige Neandertaler-Katharsis. Wo kann man jemanden verbal einfach so komplett fertig machen – ohne Grund? Nach einem Battle kann sich außerdem immer mit der dämlichen Floskel rausreden »Is' doch nur Rap«, obwohl alles ernst gemeint war.

Plötzlich werden wir an der Kreuzung des Zeltplatzes auf eine johlende Menschenmenge aufmerksam. Wir drängeln uns durch und was wir im Zentrum dieses Mobs finden, verschlägt mir die Sprache: Ein waschechter Straßenboxkampf. *Fight Club* in real life. Irgendjemand kam auf die geniale Idee, ein Megafon und zwei Paar Boxhandschuhe mit zum SPLASH! zu nehmen und es mal so richtig eskalieren zu lassen.

Zunächst kloppen ein paar Besoffene dilettantisch aufeinander ein, aber schon bald kommen die echten Psychos hinzu. Ein Mixed-Martial-Arts-Monster steigt in den Ring. Seine Augen strahlen die gefährliche Mischung aus Dümmlichkeit und Wahnsinn aus. Wie selbstverständlich trägt er einen Mundschutz. Welcher Mensch packt denn bitte einen Mundschutz ein, wenn er auf ein Festival fährt? Das MMA-Monster prügelt auf seinen Gegner ein, als wäre er ein Schnitzel. Die Menge tobt. Zwei Ordner kommen. Sie stopfen ihre gelben Westen in die Taschen und genießen entspannt die Gewalt. Ein Mädchen zeigt die Rundenzahl auf Pappschildern an. Der mittlerweile vierhundert Mann starke Mob schreit, sie solle sich ausziehen. Sie zögert kurz, stimmt einen Countdown an und lüftet unter tosendem Geschrei ihr Bikini-Oberteil. Es ist das Primitivste, was ich je erlebt habe. Mit einem Mal verstehe ich das Prinzip von Gladiatorenkämpfen.

Immer mehr Typen sind der Meinung, in diesem Ring ihre mittelalterliche Männlichkeit unter Beweis stellen zu müssen. Nasen beginnen zu bluten. Meine eigene auch, weil ich eine Lebenserfahrung machen wollte. Die Erfahrung war, dass eine Bombe in die Fresse krass wehtut. Die Fights werden immer brutaler. Ich drehe mich weg, damit ich nicht direkt Zeuge bin, wenn hier einer stirbt.

Immerhin ist dieser *Fight Club* emanzipiert unterwegs, denn gerade hat sich ein besonders fieser Frauenkampf dem unschönen Ende geneigt. Und dann kommt Kippenmann: Die Geburtsstunde einer Legende. Er ist einer der Zigarettenverkäufer, die aus einem großen Rucksack Kippen verkaufen. Ein offizieller Angestellter des Festivals. Er setzt seinen Rucksack in aller Seelenruhe ab, lässt sich die Handschuhe anziehen, stellt sich dem MMA-Monster gegenüber und ballert ihn mit einem Schlag direkt auf den Boden. Alle rasten aus. Zwei Minuten später ist sein Rucksack leer gekauft. Der Hashtag *#kippenmann* erlebt einen riesigen Hype auf Facebook. Was gibt es großartigeres als einen Typen, der während der Arbeitszeit einen anderen Knockout schlägt? Richtig, nichts! Scheiß auf Freestyle. Scheiß auf Musik. Das ist Battle. Das ist echter Hip Hop, wenn er völlig falsch verstanden wird. Stress ohne Grund, knallharte Competition und wahnwitziger Wettkampf. Aber vor allem ist es eine Lehrstunde, niemals auf einem Festival im Hotel zu übernachten.

Süßigkeiten

Süßigkeiten haben in meinem Leben immer schon eine zentrale Rolle gespielt. Sie haben mich zum dem gemacht, der ich heute bin. Anhand ihrer wurden in der Kindheit grundlegende Konflikte ausgefochten. War man ein seelenloses, charakterschwaches, mitlaufendes Bayernfan-chen im Wind, das unhinterfragt die roten Gummibärchen feierte? Oder hatte man eine standhafte Persönlichkeit, die auch mal aneckte? In puncto Gummibärchen war ich schon immer straight grün.

Kinder, die wirklich was durchgemacht hatten, aßen keine Schokoriegel wie *Mars* oder *Snickers*. Nein, Individuen aßen *Nuts*. Das war damals das Statement gegen den Mainstream, gegen das Metronom der Mittelmäßigkeit. *Nuts* gab's nämlich nicht an der Kasse. Für *Nuts* brauchte man Disziplin und konnte es sich nicht auf den letzten Metern im Supermarkt erquengeln. *Nuts* war Arbeit und es schmeckte dank ganzer Haselnüsse auch nach Arbeit.

Süßigkeiten konfrontierten mich glücklicherweise schon früh mit den wirklich wichtigen Fragen des Lebens. Zum Beispiel: Wie viele *Tic Tacs* kriegt man gleichzeitig in den Mund? Warum machen *Choco Crossies* so unglaublich süchtig? Wer kauft *Merci* wirklich für den Eigengebrauch? Aber am wichtigsten: Warum werden von *nimm2* überhaupt die hellen Bonbons produziert, wenn alle die dunklen lieber mögen?

Süßigkeiten waren zudem lehrreich. Durch das allmorgendliche Anstarren der *Frosties*-Packung brannte sich mir die Ernährungspyramide in die Netzhaut. Der Instinkt des Jagens und Sammelns wurde bei mir dank der *Hanuta*-Fußballbildchen ausgebildet. Die völlig übertriebenen Einzelverpackungen der *Trollie*-Burger, die sich wiederum in einer großen Plastiktüte befanden, weckten mein erstes ökologisches Empfinden. Und bunte Tüten perfektionierten die Feinmotorik meiner Finger, wenn ich tagelang damit beschäftigt war, die klebrigen Schlumpfreste aus meinen Zähnen zu puhlen.

Rasch wurde mir bewusst, dass das Thema Süßigkeiten systematisch angegangen werden musste. Wer einfach Ü-eier kaufte, war ein Vollidiot. Wer sie schüttelte, war zumindest nur durchschnittlich dumm. Aber wer sie auf die Obstwaage legte, war ein Genie. 21 Gramm, kein Klappern und man hatte zu 90 Prozent eine Figur.

Leider führten Süßigkeiten auch zu meinen ersten kriminellen Erfahrungen. Ich habe nie geklaut. Ich habe klauen lassen. Der Kioskmann vor unserer Schule war exorbitant hohl. Er präsentierte seine Süßigkeiten stets auf einer Auslage vor dem Laden. Ich bestellte also dieses grün gefärbte Wassereis in den schmalen Tüten, das aussah wie atomare Brennstäbe und dessen Plastikkanten beim Lutschen die Mundwinkel aufrissen, bis man sich fühlte wie der Joker.

Die Eistruhe stand ganz hinten im Kiosk in einer Ecke. In der Zeit, bis das Wassereis kam, stopften sich meine Freunde die Taschen bis zum Anschlag voll. Da ich das Eis zahlte, bekam ich faiererweise die Hälfte der Beute. Diese bestand in der Regel aus Kaugummis mit Wrestling-Tattoos. Meine Mutter erduldete seelenruhig, dass ihr Sohn ständig mit maskierten Catchern gepflastert nach Hause kam und das *WWF*-Emblem[1] auf der Nase trug. Der Preis dieser Billig-Tattoos war stets eine Woche Hautausschlag.

Ach, die Kindheit. Das war eine Zeit, in der man noch aus tiefster Überzeugung dahinter stand, dass *Bum Bum* die beste Eissorte der Welt sei. Wegen des Kaugummistiels. Und dann war auf einmal alles vorbei. Es war genau an dem Tag, als der *Happy Hippo Snack* einfach vom Markt verschwand und, durch diesen scheiß *Happy Hippo Cacao* mit den Drecks-Streuseln und der gemischten Fick-dich-Füllung aus brauner und weißer-Kack-Creme ersetzt wurde. *Kinder Bueno* sollte faker-

---

1 Gemeint ist ganz sicher nicht diese Panda-Umweltschutz-Organisation. Ihr Trottel, die ihr das gedacht habt.

79

mäßig den echten *Happy Hippo Snack* ersetzen, aber es war wie Methadon – irgendwie nur der halbe Spaß.

Mittlerweile war ich von zu Hause ausgezogen und erklärte Süßigkeiten zum Symbol meiner neugewonnenen Freiheit. Ich fraß beim *Stromberg*-Gucken in einer Viertelstunde einen ganzen Eisbecher *Ben&Jerrys Cookie Dough* leer, bis ich mich übergeben musste. Sogar die Kotze hat geil geschmeckt.

Dann kam das weiße *Lion*, dann die *M&Ms Crispy*, dann der *Monte Snack* und dann war das Studium vorbei. Seitdem ich arbeite, merke ich wie echte Erwachsene Süßigkeiten einsetzen, nämlich rein taktisch. Gegen Müdigkeit, Konzentrationsschwächen oder Liebeskummer. Keiner rastet mehr bekifft auf die Kekse von *Subway* aus oder tritt stundenlang gegen den Süßigkeitenatomaten, bis endlich mal was runter fällt. Nein, heutzutage dienen Süßigkeiten vor allem zur Demonstration von Willenstärke. Wer verzichtet, beweist Disziplin. Deshalb türmen sich bei Meetings auch stets die Süßigkeiten auf den Tischen. Immer sind sie perfide in komfortabler Reichweite platziert und schreien nach einem Moment der sündhaften Schwäche. Und ich lange voll zu. Ich tue das aus Überzeugung, denn Süßigkeiten dürfen nicht aussterben!

Süßigkeiten haben für ganze Generation einen enorm identitätsstiftenden Wert. Durch sie wurden wir konditioniert und erzogen. Es sind schöne kollektive Erinnerungen, die wir mit ihnen verbinden. Wollen wir uns diese brillianten Backflash-Bilder durch nahezu religiöse Enthaltsamkeit nehmen lassen?

Dieser krankhafte Gesundheitswahn ist mittlerweile bis auf die Kleinsten durchgeschlagen. Letztens war ich in einer Eisdiele in Frankfurt. Das Kind vor mir bestellte ernsthaft die Eissorte »Grüner Smoothie«. Ich kam gar nicht mehr klar. Kinder essen Schoko, Vanille, Erdbeer oder Schlumpfeis. Aber doch nicht »Grüner Smoothie«! Kinder, die so etwas bestellen, sieze ich, denn sie wurden ihrer Kindheit beraubt. Aber es besteht noch etwas Hoffnung für diese Kinder. Denn wirklich erwachsen ist erst, wer *Mon Cherie* mag.

Wie dumm wir doch mit siebzehn waren

In der 12. Klasse waren wir jung, wild und frei, aber auch wir hatten unsere eisernen Prinzipien: 4,99 Euro – mehr durfte ein Wodka nicht kosten. *Zaranoff, Fürst Uranoff, Rachmaninoff, Bojaroff, Borisov, Achmatov* – allein die Namen dieser Billigwodkasorten klangen schon wie eine krachende Kopfnuss von *Robocop* und genau so fühlten sie sich am nächsten Morgen auch an. Einzig *Kaliskaya* von *Rewe* hatte einen weiblich weichen Klang, der sich jedoch rasch als die femme fatale des Vollsuffs entpuppte.

So ritten wir jeden Freitag- und Samstagabend bei den umliegenden Supermärkten ein und starteten Hardcore-Hamsterkäufe, die in ihrem Ausmaß an die Billigwodkabestände der Bundeswehr heranreichten. Und dazu immer dieser miese, wässrige Orangennektar von *ja!* für 85 Cent. Wohlgemerkt der Nektar. Der Orangensaft wäre ja ganze 4 Cent teurer gewesen, aber sogar dafür waren wir asozialen Ausgeburten der wohlbehüteten deutschen Mittelschicht zu geizig.

Und dann hieß es nur: Voll auf's Maul! Keine Gnade, nur der Gruppenzwang regierte. Wer als erstes kotzte war der King, Alki sein war cool. Ich erinnere mich noch genau an den widerlichen Geruch von lauwarmem Wodka-O und wie die ersten schrecklichen Schlücke den ganzen Körper schüttelten. Die musikalische Untermalung unserer Zusammenkünfte bestand stets aus *Aggro Berlin*. Voller Inbrunst schrien wir die Texte stundenlang mit. Unterhalten haben wir uns kaum.

Kurz darauf kam der Energy Drink *Magic Man* bei uns in Mode. Diesen klebrigen Koffein-Kleister, dieses flüssige Gaffatape ballerten wir literweise in uns rein und wunderten uns auch noch, wenn wir nach durchzechten Nächten mit Herzrasen wachlagen. Den Höhepunkt des Exzesses bildete schließlich »Masterblaster«. Wie bitte kann ein Name noch präziser beschreiben, für was er steht? Das alte Familien-Rezept für »Masterblaster« lautete wie folgt: Eine Flasche Wodka, eine Flasche Sekt und drei Liter *Magic Man*. Diese Gourmet-Zutaten gebe man unter ständigem Rühren in einen handelsüblichen Kochtopf. Fertig! Wenn wir dieses Turbo-Gift mit der Suppenkelle direkt in unsere Münder klatschten, fühlten wir uns ein bisschen wie die Bad-Boy-Version von Miraculix. Was wir machten war kein Vorglühen, das war ein Flächenbrand. Und als hätte dieser Wahnsinn nicht gereicht, gingen wir in Flatrate-Clubs. Orte, wo Zahnmedizinstudenten in einem durch speckige Kordeln abgetrennten Bereich ganze Schnapsflaschen orderten und sich fühlten wie Ölscheiche. Orte, wo Frauen von hinten angetanzt wurden und Bonzenkinder beim Bestellen eines Drinks einfach an die Bar pissten. Orte, an denen der DJ die Lieder ständig mit Durchsagen unterbrach und man zu Lyrics wie *»You got a 20 Dollar Bill get your hands up«* wirklich mit 20-Euro-Scheinen durch die Luft wedelte.

Wie dumm wir doch mit siebzehn waren. Aber es hatte uns ja auch niemand davor gewarnt. Zigarettenpackungen sind mittlerweile mit den fiesesten Fotos abgefaulter Füße vollgetackert. Offene Kehlköpfe, die wie Arschlöcher aussehen, schreien einen aus den Regalen an. Zahnlose Fressen werden demonstrativ aufgerissen und für Babys wird extra ein Folterschnuller mit integrierter Kippe entworfen, um die gesamte Klaviatur der Ängste zu spielen und ein maximal schlechtes Gewissen zu evozieren.

Doch auf Alkoholflaschen sucht man derartige Schockbilder bis heute vergeblich. Auch gab es damals keine Warnhinweise wie »Alkohol lässt Sie zu richtig beschissener Musik feiern« oder »Den Salto werden Sie bereuen«. Stattdessen stand auf den Flaschen lediglich der Hinweis: »Bewusst genießen«. Wie will man Billigwodka denn bitte bewusst genießen? Aber immerhin gab es ja diese coole Plakat-Aktion unter dem Motto »Kenn dein Limit«. Da hatte sich die Bundeszentrale für gesundheitliche Aufklärung wirklich was ganz Tolles ausgedacht. Ein paar junge Theater-AG-Zivibullen stellten extrem überzeugend Komplettabstürze nach, die jedoch stets spaßiger aussahen als die Bilder der nüchternen Momente. Und der Satz »Kenn dein Limit« war außerordnetlich clever gewählt, setzte er doch den Vollrausch als notwendige Erfahrung für das Austesten der eigenen Grenzen voraus.

Dabei bin ich für eindringliche Warnungen eigentlich sehr empfänglich. Die Zigaretten-Schockbilder haben mich beispielsweise zum Nichtraucher gemacht. Hätte es diese Horrorszenarien damals auch auf Alkoholflaschen gegeben, wäre vieles in meinem Leben vielleicht anders gelaufen. Ich hätte heute sicherlich zehn IQ-Punkte mehr, Alkohol wäre kein stumpf glorifiziertes Thema meiner Texte, wir hätten unsere komische Männlichkeit weniger durch's Saufen definiert und ich hätte feinere Wege gefunden, um mein zwanghaftes Anderssein-Wollen zu manifestieren.

Wie dumm wir doch mit siebzehn waren. Liebe EU, wenn du eines Tages Schockbilder für Alkohol einführen solltest, dann melde dich bitte bei mir. Ich habe noch genug auf meiner Festplatte – von mir selbst.

Sören-Hendrik

Diese Geschichte handelt von Sören-Hendrik, einem großartigen Menschen und dem krassesten Opfer der Welt.

Als wir in der fünften Klasse aufs Gymnasium kamen, hatten wir alle die Möglichkeit uns neu zu erfinden und zu präsentieren. Alles, was wir zuvor falsch gemacht hatten, konnten wir nun ausbügeln, denn keiner kannte uns. Also pushten sich alle permanent in ihrer Coolness. Alle, außer Sören-Hendrik. Sören-Hendrik definierte das Wort Mobbing neu. Mit Sören-Hendrik ging man nicht zur Schule. Auf Sören-Hendrik ritt man zur Schule. Ihm eine Nackenschelle zu verpassen wurde zur Funsportart der ganzen Klasse – auch die Mädchen machten mit. Wir alle hatten Englisch oder Französisch. Sören-Hendrik hatte Latein, als Einziger. Er kam immer mit Reflektorstreifen übersät auf dem Fahrrad zur Schule und auch im Klassenzimmer trug er häufig noch seinen Helm.

Auf dem Schulhof wurde es besonders traurig. Bei der Mannschaftswahl holte man sich nicht die Besten ins Fußball-Team, sondern versuchte Sören-Hendrik um jeden Preis in die andere Mannschaft zu befördern. Wenn der häufige Fall eintrat, dass Sören-Hendrik einen Ball voll in die Magengrube bekam, lief er jedes Mal auf einen zu und schrie: »Die Reinigung kannst du zahlen!« Als hätte je ein Kind dem anderen die Reinigung gezahlt und als würden Kinder überhaupt zur Reinigung gehen. Sören-Hendrik war dick und wurde beim Rundlauf überrundet.

In der sechsten Klasse hatte Sören-Hendrik zum Geburtstag einen Bausparvertrag und einen türkisen 4-You-Rucksack bekommen, der immer viel zu hoch an seinem Rücken saß. Immer führte Sören-Hendrik über den Pausengong hinaus Diskussionen mit den Lehrern, während denen alle noch in der Klasse sitzen bleiben mussten. Sören-Hendrik petzte so oft, dass irgendwann die Klassenkonferenz zu einem wöchentlichen Jour fixe-Termin wurde.

Nico, der in der siebten Klasse zu uns stieß und bereits mit dem Auto zur Schule kam, drehte auf Sören-Hendrik komplett ab. Nicht nur musste Sören-Hendrik ständig stellvertretend für Nico nachsitzen, sondern ihm auch jeden Tag ein Pausenbrot mit Pastrami, Blauschimmelkäse, Koikarpfenaugen und frisch geraspeltem Trüffel mitbringen. In dieser Zeit wurde Sören-Hendrik aus Mitleid in die Klassengemeinschaft integriert. Das dauerte allerdings nicht lange, da sich Nico nach fünf Monaten entschied lieber den Werdegang eines Straßenapothekers einzuschlagen.

Zu Beginn einer jeden Landheimsfahrt wurde Sören-Hendriks Bett als erstes in den Flur geräumt und alle Möbel im Zimmer in Windeseile so umgestellt, dass kein Platz mehr für ein weiteres Bett war. Man nahm bereitwillig in Kauf, dass der Schrank quer im Raum lag und das Zimmer aussah wie die Installation eines wahnsinnig gewordenen Künstlers. Auch gegenüber der Herbergsmutter behauptete man felsenfest, dass es schon vorher so gewesen war. Sören-Hendrik wurde mit *Axe*-Deo-Sprühattacken wie eine Gazelle durch das gesamte Landheim gejagt. Als er versuchte dies mit seinem *Nivea*-Roll-On-Deo zu kontern, brach eine Flammenwerferschlacht aus.

In der neunten Klasse kamen meine Eltern vom Elternabend wieder und ich wachte mitten in der Nacht auf, weil sie unfassbar laut über Sören-Hendriks Eltern lästerten. Sören-Hendriks Eltern waren wie immer im *Jack Wolfskin*-Partnerlook erschienen. Und Sören-Hendriks Mutter war freiwillige Schülerlotsin geworden, die in einer Warnweste mit ausgestreckten Armen bartwüchsigen Abiturienten über den Zebrastreifen helfen wollte, aber wie ihr Sohn nur Nackenklatscher ernten sollte.

Dann kamen die Sommerferien in der zehnten Klasse. Wir alle dachten Sören-Hendrik würde völlig sonnenverbrannt von einer sechswöchigen Wanderung durch langweilige Heidelandschaft zurückkehren. Stattdessen hatten wir einen neuen Mitschüler: Braun gebrannt, muskulös, voller Goldketten und mit glücklich lässigem Grinsen stand er vor uns. Es war Sören-Hendrik. Er war wie ausgetauscht. Alle Mädchen himmelten ihn gnadenlos an und ständig hatte er einen Dreier auf dem Schul-Klo. Sören-Hendrik hatte auf einmal die geilsten Sprüche drauf. Er wurde unglaublich beliebt, schlau, witzig und schön. Sein Abitur war perfekt. Er wurde ohne Studium direkt in den Vorstand eines Global-Player-Konzerns berufen und erhielt sogar für's Kacken Geld. Sören-Hendrik konnte alles, was krass war, schob ständig nur noch Jetlag und hatte einen Panzer von *Gucci.*

Nun stellt sich dem geneigten Leser sicher die Frage: Wie hat Sören-Hendrik diese 180 Grad-Wendung in seinem Leben geschafft? Wie brachte er es zu unermesslichem Reichtum, einer steilen Karriere und einer ewig währenden glücklichen Ehe mit einem Topmodel? Sören-Hendrik bin ich selbst. Und ich schaffte es dank Scientology.

Ich möchte hier gar nicht von meinem Erfolg erzählen. Ich möchte erzählen, wem ich diesen Erfolg zu verdanken habe: Es ist L. Ron Hubbard. Im Jahr 1954 hat er Scientology gegründet und die Welt seitdem vom

Schlechten gereinigt. Sicher ist Scientology nicht günstig und sicher gibt es Gegner. Doch wo Erfolg regiert, ist Neid nicht weit.

Ich weiß, wie es ist von ganz unten zu kommen. Ich weiß, wie es ist einsam einzuschlafen und einsam aufzuwachen. Tagtäglich sehe ich es in unzähligen müden Augen: Viele von Euch fühlen sich auch täglich schwach, sind dem Druck nicht gewachsen und haben Angst. Angst zu versagen. Angst aus dem Haus zu gehen. Angst zu leben. Ihr seid kleine, hilflose Rehkitze im Scheinwerferlicht eines heranrasenden Lasters. Aber Ihr könnt zur Stoßstange werden. Kommt in unsere Scientology Kirche in der Kaiserstr. 49a in Frankfurt. Wir haben jeden Tag von 10 bis 22 Uhr geöffnet. Lernt das Glück. Lernt von uns. Werdet so wie ich.

Elternbrief I

Liebe Eltern der Klasse 9a,

am 4.6. diesen Jahres ist es wieder so weit. Wir fahren ins Schullandheim nach Bad Otterwingen. Damit alles reibungslos läuft, möchte ich Ihnen ein paar Informationen an die Hand geben.

Das schöne Bad Otterwingen scheint mir der perfekte Ort für langweilige Museumsbesuche und Wanderungen zu sein. Mit seiner 600-jährigen Geschichte ist es ein Ort ohne Supermarkt und mit schönster Landschaft, für die sich Kinder noch nicht interessieren. Die ortsansässige Frau Schnarchbart ist besonders gut im Nuscheln und Erzählen pointenloser Anekdoten. Daher wird sie uns direkt zwei Mal hintereinander ausführlich durch Bad Otterwingen führen.

Wichtige Regeln: Alkohol ist natürlich nicht erlaubt und elektronische Geräte werden direkt im Landheim eigenen See versenkt. Das Baden in dem wunderschönen Gewässer mit perfekter Temperatur und kristallklarem Wasser ist nichtmal ansatzweise gestattet.

Die Kinder bekommen eintöniges Bio-Essen von ansässigen, faulen Bauern. Das bei Schülern sehr beliebte Tischtennisspiel »Rundlauf« darf an der Platte der Herberge nicht gespielt werden, da Ausrutschgefahr besteht. Um schlafbedürftigen Schülern eine ruhige Nacht zu ermöglichen, wird die Nachtruhe bei 19 Uhr angesetzt. Wer meint dies nicht berücksichtigen zu müssen, fährt ohne Diskussion sofort nach Hause.

Im anliegenden Bad Würfelthron gibt es ein riesiges Waffenmuseum. Wir gehen allerdings in den Bad Otterwinger Kräuterpark. Dort lernen die Schüler etwas über Kräuter. Am Ende des langen Tages gibt es den in Bad Otterwingen legendär trockenen Chilli-Rosenkohl, den alle Kinder lieben. Bad Otterwingen geht einen neuen Weg, hier isst man alles ohne Soße und seit jeher niemals Nachtisch.

Bad Otterwingen mag dem ein oder anderen eintönig anmuten, doch das täuscht. Das traditionelle Kasperletheater ist auch heute noch ein Spaß für Jung und Alt. Die Herberge bat uns im Voraus die Dorfgemeinschaft bei der Krötenwanderung zu unterstützen. Daher werden wir einen Krötentunnel errichten. Vielleicht sogar zwei. Wir könnten dort im Namen den Kaiser-Wilhelm-Ratsgymnasiums ein ökologisches Zeichen setzen. Ich freue mich auf eine ereignisreiche Woche.

Herzlich,
Ihr

Jey Jey Glünderling

Elternbrief II

Liebe Eltern der Klasse 9a,

ich muss mich zutiefst bei Ihnen entschuldigen und schreibe diese Zeilen in größter Demut. Die Fahrt nach Bad Otterwingen war ein Alptraum. Sämtliche Kollegen beteuern Ihr Beileid. Wir hoffen alle aus diesem Vorfall lernen zu können, damit so etwas in Zukunft nie wieder passiert. Ich bin es Ihnen schuldig und auch strafrechtlich dazu verpflichtet, die Ereignisse aus meiner Sicht zu schildern. Manche Details des Berichtes mögen verstörend und erschreckend sein, doch ich denke, dass sie zur Aufarbeitung der Situation vonnöten sind.

Die Woche verlief zunächst wunderbar. Die Kinder freuten sich über die Natur und die frische Luft, keiner vermisste das Smartphone. Die Schüler forderten sogar eine dritte Ortsführung bei der charismatischen Frau Schnarchbart. Alle waren friedlich miteinander, nicht mal ein Pflaster kam zum Einsatz. Das gesunde, herzhafte Essen sorgte in der Klasse für Begeisterungsstürme.

Doch dann kam diese schreckliche Krötenwanderung und der Höllentrip nahm seinen Lauf. Den ersten Krötentunnel hatte die Klasse schnell errichtet. Wir begannen gerade mit dem Zweiten, als plötzlich Ralf auf mich zugerannt kam. Er hatte Schaum vor dem Mund und rammte mir seine Zähne in den Oberschenkel. Ralf war wie ausgetauscht, seine Augen verdrehten sich und er zuckte auf dem Boden. Die Schüler berichteten mir panisch, dass zwischen den Jungen ein Wettbewerb ausgebrochen sei und sie Kröten in den Mund genommen hatten. Zu diesem Zeitpunkt war uns noch nicht bewusst, wie die Kröten dieses Desaster auslösen konnten. Erst der pathologische Befund brachte die traurige Gewissheit, dass wir es mir einer Aga-Kröten-Wanderung zu tun gehabt hatten.

Die Aga-Kröte (lat. Bufo marinus) scheidet in Stresssituationen das Sekret Bufotonin über die Haut aus, das eine ähnliche chemische Struktur wie LSD besitzt. Die Lage am Krötentunnel eskalierte. Gustav war inzwischen auf einen hohen Baum geklettert. Er schrie etwas von endloser Freiheit, bevor er aus zwölf Metern in den Tod stürzte. Martin sprintete daraufhin in die tiefe Dunkelheit des Waldes. Als wir ihn fanden, verkehrte er mit einem Schaf. Auch Mirco hatte eine Kröte im Mund gehabt und sonderte grünen Schleim aus der Nase ab, während er an seinem Erbrochenen erstickte.

Doch am schlimmsten hatte es Torben erwischt. Zuerst biss er einem Eichhörnchen den Kopf ab und aß danach vor der versammelten Klasse seine Exkremente. Dann rannte er vor uns weg. Wir folgten ihm gemeinsam, doch er war zu schnell. Torben lief zielstrebig in das riesige Waffenmuseum im anliegenden Bad Würfelthron. Als wir einige Minuten nach ihm den Museumsvorplatz erreichten, stand er nackt auf einer Mauer hinter uns. Er schwang einen Morgenstern, sprang in die Menge und schrie nur noch: »Das ist Spartaaaaaa!«

Ich schreibe Ihnen als einziger Überlebender dieses Landheimaufenthaltes. Ich habe als Lehrer und Mensch versagt und bin zutiefst bestürzt über die Ereignisse, für die ich die volle Verantwortung übernehme. Da ich Ihren Schmerz, Ihre Wut und Ihre Enttäuschung verstehen kann, möchte ich Ihnen die Möglichkeit geben, sich an mir zu rächen. Ich lade sie somit herzlich zu einer Steinigung meinerseits ein. Die Veranstaltung wird nächsten Mittwoch um 18:30 Uhr auf dem Schulhof stattfinden. Für jedes geschädigte Familienmitglied ist ein handelsüblicher Backstein zugelassen. Angeheiratete Personen sind nicht nicht befugt, zu werfen. Ich wünsche Ihnen, dass Sie Frieden finden.

Herzlich,
Ihr

Jey Jey Glünderling

Abitur

Wann kam eigentlich das Phänomen auf, dass Friseurläden kreative Namen haben müssen? Wann genau war der Punkt erreicht, an dem sich Deutschlands Friseure dachten: »Nee, wir können auch anders. Wir sind lustig. Und das zeigen wir unseren Kunden auch.« Dabei entstanden sprachliche Geniestreiche wie HAARbracadrabra, HAARchitektur, HAIR COOL ES, CHAARaktHAIR oder GmbHAAR. Aber das ist nicht lustig. Das ist Sprachvergewaltigung der schrecklichsten Art.

Noch schlimmer sind nur Abiturienten. Es gibt kein anderes Wort auf der Welt, dass zu mehr beschränkten Wortspielen umfunktioniert wurde als das Wort »Abi«. Immer wenn man denkt, dass es schlimmer nicht mehr geht, wird eiskalt einer draufgesetzt. ABIkalypse, ABIlieve I can fly, ABIos Amigos, KABItän Blaubär, KohlrABI, EnergiespABIrne, ABIagra – all das ist noch harmlos. Heute liest man Sachen wie »101 ABItiner – die Schule Doggystyle genommen«, »ABIturensohn – nicht von schlechten Eltern« oder »ABICrombie & Fitch – Models gehen, Elche bleiben«.

Ich lebe in Hessen. Hier gibt es eine gruselige Tradition, die darin besteht Bettlaken mit motivierenden Sprüchen für die Abiturienten vor den Schulen aufzuhängen. Da ich jeden Tag an einem Gymnasium vorbeikomme, habe ich mich mal näher mit diesen Bettlaken beschäftigt. Denn dieses Jahr sind es nicht nur ein paar von ihnen, es ist ein ganzes Motivationsmeer geworden. Die Schule hat extra Bauzäune aufgestellt, um der Lage Herr zu werden. Manche haben sich sogar in Lebensgefahr begeben und Bäume in schwindelerregenden Höhen behängt, weil schlicht kein Platz mehr da war.

Ein wahnsinniger Wettbewerb hat hier übernommen und die Bettlaken entpuppen sich als das, was sie eigentlich sind: Brutale Statussymbole. Glasklar offenbart sich so die soziale Hierarchie des Abijahrgangs. Die offiziellen Außenseiter-Bettlaken erkennt man daran, dass sie aussehen wie bekackt bemalte Blockupy-Banner. Ein Schriftzug wie »Lieber Marcel, Wissen ist die Kraft fürs Leben/ sie wird dir viel geben« mit mieser Metrik und in gesprühtem Autolack macht deutlich, dass Marcel eigentlich von niemandem wirklich gemocht wird. Nicht einmal von seinen unkreativen Eltern.

Denn Eltern, die ihr Kind lieben, rasten komplett aus. Ich hätte mich zu Tode geschämt, wenn meine Mutter öffentlich mit einem Bettlaken in Erscheinung getreten wäre. Aber die Helikoptereltern von Elena haben ihrer Tochter diese Scham offensichtlich erfolgreich abtrainiert. Auf ihrem Laken prangt ein sehr hässliches Kinderfoto der zahnlosen Elena mit einem Prinzessinnenkrönchen, wobei das Prinzessinnenkrönchen eher an eine *Burger-King*-Krone erinnert und Elena auch aussieht, als hätte sie als Kind diese Lokalität häufiger frequentiert. Unter dieser Blamage steht zusätzlich: »Du bist Boss, weil der Wille zum Erfolg durch deine Adern pumpt. Also Zehne zusammenbeißen, durchladen, angreifen. In tiefer Liebe Mama und Papa.« Die Eltern von Elena haben wirklich Kollegah zitiert. Und sie haben Zähne wirklich mit »e« geschrieben. Tief im Innern müssen sie ihr Kind hassen.

Wahre Liebe offenbart sich dieser Tage nämlich nicht mehr anhand billiger, bunter Bettlaken. Wer es ernst meint, geht die Sache professionell an und druckt wahre Werbebanner, wie man sie sonst nur vor *Fitness First*-Filialen findet. Miserabler Bildbearbeitung ist hier keinerlei Grenze gesetzt.

Maikes Familie bekommt von mir definitiv den diesjährigen Award für Scheißigkeit zugesprochen. Ihre Plane misst zwei mal vier Meter und ist bis ins letzte Milli-Detail durchkomponiert. Maikes blasses Gesicht ist auf einen Superwomankörper eines deutlich dunkleren Hauttyps montiert. Sieht richtig cool aus. Maikes Mutter scheint in weiser Voraussicht eine Swarovski-Filiale überfallen zu haben, denn das ganze Transparent ist übersät mit kleinen Strass-Steinchen. Ihre Familie war sich auch nicht zu schade göttlichen Beistand zu erbitten. Sie haben das »Vater Unser« auf ihre Tochter umgemünzt und in geschwungenen goldenen Lettern auf die linke Seite des Bildes geschrieben.

Der ganze Druck und Größenwahn, der auf das arme Kind projiziert wird, tritt auf der rechten Seite der Plane offen zu Tage, denn dort steht: »Liebste Mega-Maike, heute wirst du zur lebenden Legende und Geschichte schreiben (ich glaube übrigens nicht, dass sie hierbei das Unterrichtsfach »Geschichte« meinten). Unsere Hoffnung liegt in dir. Du bist unsagbar stark – Du schaffst das (hierbei ist zu erwähnen, dass Maikes Familie natürlich besonders einfallsreich erscheinen wollte, denn das Wort »schaffst« wird gebildet von einem akkurat gemalten Schaf, an dessen Arsch ein »fst« hängt – also ein »Du Schaf-fst das«). Diese hingebungsvolle Hommage wird beendet von einem »Wir lieben dich über alles auf dieser Welt. Du bist ein Geschenk Gottes! Deine Mum, Dad und Oma.« Sogar die Omma macht bei dieser Scheiße mit. Wobei man ihr zu Gute halten muss, dass sie sich nicht der Mum-and-Dad-coole-Eltern-Kacke anschließt und sich als Granny bezeichnet.

Ich frage mich nur: Was passiert denn dann mit all diesen hochgehypten Schülern, wenn die ihre Prüfungen fertig haben? Wahrscheinlich werden sie dann per Laolawelle vor dem Klassenraum begrüßt, während sie auf den Knien in die skandierende Menge rutschen. Vor den Schultoren bilden sich dann sicher enthusiastische Autokorsos mit Abiturienten-Fanschals und daneben tanzt eine Gruppe Cheerleader die Namen der Bestandenen mit glitzernden Puscheln.

Wahrscheinlich stimmt das sogar. Und selbst wenn nicht, kann ich euch eines prophezeien: Da kommt eine ganz, ganz fiese Generation auf uns zu. Ich bin einfach nur froh, dass mein Abi bald zehn Jahre her ist. Denn heute ist mein Leben wie das von Jay Z: »I got 99 Problems, but ABItch ain't one«.

Jahrgangstreffen

24. Dezember. 11 Uhr. Ich habe einen wahnsinnigen Kater. Meine Zunge fühlt sich an wie ein nasser Langhaar-Dackel, der gerade aus einem miesen Tümpel gehüpft ist. Mit Augenringen, in denen man Seilhüpfen könnte, gehe ich zum Frühstück runter. »Du Spacko«, empfängt mich mein Stiefvater. Ich nicke zustimmend, wobei mir bereits von dieser langsamen Kopfbewegung so schlecht wird, dass ich eine kleine Ladung in den Eierbecher kotze. Meine Mutter hat diesen vorwurfsvollen Ton in ihrer Stimme, den nur Mütter beherrschen und bei dem man sich immer, in egal welcher Situation, sofort zutiefst schuldig fühlt: »Wie schade, dabei hätte ich deine Hilfe bei der Weihnachtsvorbereitung wirklich brauchen können. Aber du hast dich ja mal wieder dagegen entschieden und dich brutal umgehackt.« Sie schüttelt gefühlte zweiundzwanzig Minuten den Kopf. »Musste das denn wirklich sein?« Ja, absolut!

Denn am Vorabend hatte wie jedes Jahr unser Jahrgangstreffen stattgefunden. Im *Extrablatt* – dieser gruseligen Nachgeburt der Systemgastronomie. Ich ging hauptsächlich hin, um mich danach überlegen zu fühlen. Zu Hause hatte ich bereits in weiser Voraussicht alleine ziemlich ordentlich vorgeglüht und begrüßte daher bei meiner Ankunft ein paar Jungs von früher überschwänglich wie Hunde, die sich freundschaftlich am Arschloch rumschnüffeln. Ich nahm Platz. Mir gegenüber saß die Mädchen-Fraktion, die beim Bestellen eines Sex on the Beach immer noch kicherten, heute Medizin studierten und früher erst sehr spät mit dem BH-Tragen begonnen hatten. Sie sprachen begeistert über langweilige Kacke. Ich stellte mir einen Long Island rein. Long Island Ice Tea – das internationale Zeichen für »Heute mach ich mich granatenvoll«.

Ich schaute mich um und blieb beim falschen Augenpaar leider einen Sekundenbruchteil zu lange hängen. Porsche-Paul kam zu mir rüber. Als er mir die Hand schüttelte, drückte ich viel zu fest zu. Porsche-Paul hatte in der 12. Klasse einen Porsche zum Führerschein bekommen und direkt am ersten Tag war leider jemand aus Versehen mit einem Schlüssel zu nah an seinen Lack gekommen. Über Porsche-Paul hatte ich erfolgreich das Gerücht in die Welt gesetzt, er würde seine Popel essen, was ihm dem Titel Popel-Paul einbrachte. Porsche-Popel-Paul erzählte mir jetzt stolz von seiner Burschenschaft und dem tollen Zusammenhalt. Ich stellte mir einen weiteren Long Island rein.

Dann ging ich pissen, kriegte aber um's Verrecken keinen einzigen Tropfen raus, denn David stand neben mir. Sein Strahl wirkte wie gemeißelt. Außerdem hatte er einen kollossalen Schwengel. David war immer schon der Typ gewesen, den alle Jungs aus tiefster Seele hassen, weil er einfach zu gut aussieht. Er hatte immer noch diese magische Menge an Muskelmasse, Bräune und Grinsen, ohne dabei schleimig zu wirken. Das einzige Mal, dass ich David in irgendetwas übertrumpfen konnte, war im Bio-Unterricht. Thema: Genetik. Dominant-rezessive Vererbung. Beispiel: Zungenrollen. Ich war Roller, David war Nicht-Roller. Diesen Fakt vergegenwärtigt, konnte ich endlich pissen.

Anschließend folgte ich David an die Bar und stellte mir einen Long Island rein. Während er mir von seinem Sonnen-Leben in San Fran (er sagte wirklich immer San Fran) erzählte, warfen ihm alle Mädchen, an denen ich jemals interessiert war, beiläufig ein Schlafzimmerlächeln zu. Ich stellte mir einen Long Island rein.

Plötzlich betrat Torben-Frederik das *Extrablatt*. Er trug wie immer ein Sprüche-T-Shirt mit der Aufschrift »My English is not the yellow from the egg.« Ich stellte mir einen Long Island rein. »Na, was macht die Kunst?«, fragte er mich, während er mir wanna-be-männlich auf die Schulter schlug. Ich teilte ihm mit, dass diese Frage nur in Filmen vorkommt. Torben-Frederik lachte mit Spucke in den Mundwinkeln. Ich stellte mir einen Long Island rein.

Dann machte er mich mit seiner unfassbar unschein-
baren Freundin bekannt, die ich bis dahin nicht bemerkt hatte, obwohl sie direkt vor mir stand. Ich stellte
mir einen Long Island rein. Ihren Namen hatte ich
schon vergessen, bevor sie ihn gesagt hatte. Ich stellte
mir einen Long Island rein. Torben-Frederik holte aus,
dass es ihn wirklich immer noch sehr beschäftige, dass
ich damals in der 8. Klasse über ihn bla bla bla ... Ich
stellte mir einen Long Island rein. Ich stellte mir noch
einen Long Island rein. I stea mia no e lo ila re.

Eine Minute später fand ich mich gekrümmt vor dem
Extrablatt wieder, wo ich einen Jumbo-Döner mit extra-
viel Knoblauch-Soße und viel zu viele Long Islands auf
den Asphalt pladdern ließ. Im Dunkeln ein paar Meter
neben mir sah ich verschwommen Lydia und Friedemann aus meinem Jahrgang rummachen. Das war so
surreal, als würde ein Pinguin plötzlich ein Wombat fi-
cken. Lydia fauchte Friedemann animalisch an: »Würg
mich! Komm schon! Würg mich!« Friedemann sagte ihr,
dass sie bekloppt sei. Sie spuckte ihn an. Ich stieg ins Taxi.

Als ich am frühen Morgen des 24. Dezember schließlich
komplett fertig zu Hause im Bett lag, hatte ich die grau-
same Gewissheit Heiligabend wieder einmal nur verkatert erleben zu können. Ich fürchtete die enttäuschte
Reaktion meiner Mutter und deshalb weniger Ge-
schenke zu bekommen. Ich verfluchte meinen Jahrgang
inbrünstig und fiel sodann in einen tiefen, schwarzen
Schlaf.

Magisterarbeit

Ich räume sechs Mal hintereinander mein Zimmer auf, ordne meine Bücher nach Farben, dann nach Größe und dann doch wieder nach Farben. Ich gehe für ein einziges *Duplo* zu Fuß zum Supermarkt und stelle mich dort in die längste Schlange. Danach bringe ich mir Blockflöte bei und halte meinen Penis drei Stunden lang bei *Chatroulette* in die Kamera. Anschließend gucke ich eine 40-teilige Dokumentation über den Winterschlaf des Nasenrüssel-Dik-Diks.

Ich bemühe mich so sehr. Mit jeder Faser meines Körpers will ich ihr entfliehen – meiner Magisterarbeit. Ich rufe bei Leuten an, bei denen ich mich jahrelang nicht gemeldet habe. Sie kennen meinen Namen gar nicht mehr, freuen sich aber trotzdem. Ich telefoniere drei Stunden mit meiner Vertretungslehrerin aus der zehnten Klasse. Ein wirklich wichtiges Gespräch für meine Magisterarbeit. Ich schaue sogar freiwillig »2 Girls – 1 Cup«, um kotzen zu müssen, damit ich dann für meinen leeren Magen etwas Aufwendiges kochen kann, das möglichst lange dauert. Ich koche nur noch selbst, alles andere ginge viel zu schnell. Viva la Slow Food!

Und ich muss natürlich viel trinken, täglich mindestens fünf Liter. Daher verbringe ich geraume Zeit pinkelnd auf dem Klo. Um mich auch dort geistig für die Magisterarbeit fit zu halten, spiele ich Tetris auf dem *Game Boy*, was wiederum zu einer erheblich langen und intellektuell intensiven Sitzung führt, nach der ich erst mal zu Erholung einen Mittagsschlaf brauche. Es sind ja bekanntlich vor allem die Powernaps, die die Japaner erst so richtig produktiv machen. In meinem zweieinhalb stündigen Powernap träume ich wiederholt von meiner Magisterarbeit und sammle dabei so viel geballte Energie, dass ich es schließlich schaffe mich zum Schreibtisch durchzuschlagen. Ich will mich gerade setzen, als ich diese zutiefst böse Kraft spüre, die meinen Schreibtisch umgibt. Es ist die brutale Aura eines Sklaventreibers, der dich an deinem Geburtstag besonders hart auspeitscht und mit grünem Schleim anspuckt. Es ist das Flair eines Folterknechts, der dich zu Tode kitzelt, an deinen Gebeinen nascht und zum Abschied dein Grab schändet.

Also mache ich einen ausführlichen Spaziergang, um mich von diesen negativen Schreibtisch-Schwingungen freizumachen, die beim wissenschaftlichen Arbeiten sicher hinderlich wären. Ich komme zurück, ziehe mir in

Windeseile die Schuhe aus, um höchst motiviert in mein Zimmer zur Magisterarbeit zu sprinten.

Ich bin schon fast an meinem Zimmer angekommen, als mir im Flur plötzlich unser Stahlstuhl auffällt. Er zieht mich komplett in seinen Bann. Wie konnte ich ihn bisher immer übersehen. Dieser Stahlstuhl. Er ist so stahlig. Und so stuhlig. Unfassbar. Ein ästhetischer Genuss. Das Design der Badezimmertür und die optische Grazie der Brotschneidemaschine beschäftigen mich eine weitere halbe Stunde. Als ich mein Zimmer betrete, ist es bereits dunkel und im Dunkeln schreibt man eh nur Müll – das kann einem jeder gute Autor bestätigen. Also gehe ich saufen wie jeder gute Autor. Schwitzend und zitternd erwache ich am nächsten Morgen mit einem ganz üblen Kater. Nach zwölf Ayran und monströsem Bierschiss schwanke ich auf den Schreibtisch zu. Das Schönste an einem Kater ist, dass dir in diesem Zustand alles scheißegal ist. Das hat mal der schlaue hannoversche Rapper Later One in seinem Sommer-Hit »Zweimeter-Alkohol« gesagt. Und er hat recht. Mir ist alles so scheißegal und so latte, dass mir die fiese Schreibtischaura nichts anhaben kann.

Ich trete näher und näher und schalte den Laptop an. Er fährt sich sehr, sehr langsam hoch. Endlich erscheint der Desktop. Da lauert es regungslos wie ein Krokodil auf Valium: Das Dokument. Völlig unbeweglich starrt es mich an, nur auf den Moment wartend mich mit seinen Wissenschafts-Zähnen zu zerreißen wie eine Weihnachtsgeschenkverpackung, die man im nächsten Jahr nicht wiederverwenden will. Das Dokument trägt den Titel »Neues Dokument«. Das ist meine Magisterarbeit.

Kurz vor dem Doppelklick, habe ich eine Eingebung: Es wäre schlichtweg dumm, geradezu irre jetzt schon mit dem Schreiben zu beginnen. Nicht, dass meine Professorin mir per Mail aus dem Urlaub schreibt, dass ihr das Thema meiner Arbeit trotz mehrfacher, beidseitiger Abstimmung plötzlich aus privaten Gründen unlieb ist. Was wäre dann? Ich öffne den Browser und will gerade meinen Benutzernamen eingeben, als ich auf der *web.de*-Startseite plötzlich diese atemberaubende Sommerloch-Schlagzeile erblicke. Dort steht tatsächlich Blau auf Weiß: »Morgen hat Mehmet Scholl Geburtstag!« Ich kann es kaum fassen. Morgen! Unglaublich! Nicht heute, sondern also doch erst morgen. Krass! Ich komme gar nicht darauf klar und double-checke diese *web.de*-Info mit dem zuverlässigeren und besseren Nachrichtendienst von *gmx.de*. Ja, es ist wahr: Mehmet Scholl hat tatsächlich morgen Geburtstag. Es ist fantastisch! Jetzt kann ich beruhigt mein Email-Postfach öffnen. Es ist leer. Ich logge mich ordnungsgemäß aus, weil ich beim nächsten Log-In nicht diesen nervigen Typ im Kittel sehen will, der mich mit erhobenem Zeigefinger ermahnt mich beim nächsten Mal auszuloggen. Gott sei Dank versorgt mich *web.de* auch auf der Log-Out-Seite mit essentiellen Informationen. Dort steht, dass es eine App gibt, die dir Pornostars raussucht, die hübschen

Mädchen, die du kennst, ähnlich sehen. Das ist mal wirklich praktisch. Ich lasse daher alle meine weiblichen Facebook-Freunde durch das Programm laufen. Auch die weniger Schönen. Das Gleiche tue ich noch mal mit meinen männlichen Facebook-Freunden. Dann schaue ich mir alle 915 vorgeschlagenen Pornostars in Aktion an. Als ich nach acht Stunden mit dem Wichsen fertig bin, ist es schon wieder dunkel.

Ich beginne zu überlegen, ob mein Zimmer wirklich der ablenkungsärmste Arbeitsplatz für eine Magisterarbeit ist. Schwer zu beurteilen. Das mache ich morgen, wenn Mehmet Scholl Geburtstag hat.

Mein Weg zur Arbeit

Es ist 8:50 Uhr, als ich mein Fahrradschloss öffne. Dem Bahnfahren habe ich abgeschworen. Ich habe keinen Bock mehr, ständig einem solchen Exemplar hinterherlaufen zu müssen und mich in die sich schließende Tür zu werfen. Wenn ich mich durch diese dreckigen Scheiß-Gummilappen quetsche, fühle ich mich wie bei einer schlechten Geburt. Es geht nicht raus in die Freiheit, sondern rein in den Viehtransport mit den anderen Arbeitnehmern. Alle sind in das kleinkarierte Camouflage der repetitiven, rädernden Alltäglichkeit gekleidet und glotzen mit ihren toten Augen in die innere Tristesse.

Da trete ich lieber morgens in die Pedale meines Drahtesels. Während ich über eine Kreuzung fahre, denke ich, dass »Drahtesel« voll das *TKKG*-Wort ist. Ich denke daran, wie kacke *TKKG* eigentlich ist. Gabi ist mega unemanzipiert und muss immer bei allen spannenden Sachen zu Hause bleiben, weil sie ja ein Mädchen ist. Willi Sauerlich wird wegen seiner Korpulenz von seinen allerbesten Freunden konsequent »Klößchen« genannt. Was sind das für Freunde?!

Bei den *Drei Fragezeichen* hingegen werden Rätsel mit geistiger Raffinesse und cleverer Kombinationsgabe angegangen, bei TKKG haut Trottel-Tarzan am Ende einfach allen auf die Fresse und ZACK!!, Fall gelöst. Ich muss grinsen, weil Tarzan ja eigentlich Peter Karsten heißt und voll den Opfernamen hat. Als Nächstes rege ich mich innerlich über Oskar, den Cockerspaniel von Gabi, auf. Die Hälfte aller *TKKG*-Fälle dreht sich um diesen kläffenden Kack-Köter, der ständig von irgendwem entführt wird.

In diesem Moment komme ich an dem Haus der Bockenheimer Hundesitterinnen vorbei. Die Gestaltung ihres Schaufensters ist auf beängstigende Art und Weise geschmacklos. Bunte Hundetatzen, ganz viele bunte Hundetatzen aus Fenstermalfarbe zieren das Glas. Die Bockenheimer Hundesitterinnen sind in *Crocs* und Fleece-Pullover gekleidet und verladen einige ihrer Schützlinge in einen Kleintransporter. Sie versperren den Radweg und ich ramme beinahe eine Dogge.

Kurz darauf passiere ich die Arztpraxis mit dem verglasten Wartezimmer. Ich glaube, es ist eine Zahnarztpraxis, weil die Korbstühle allesamt auf ein Aquarium ausgerichtet sind und Zahnärzte Aquarien irgendwie schick finden. Als nächstes ist links der Kiosk mit den geilen, belegten Brötchen und schon bin ich an der Stra-

112

ßenecke, an der wir uns ein paar Mal zum Abschied geküsst haben. Ich bin im Westend, deinem Revier, deiner Kuppel. Ich fühle mich, als dringe ich in dein Plasma ein, das meinen schützenden Chitin-Panzer zersetzt.

Jetzt geht es wieder los. Jetzt tue ich mir weh. Kopfkino vom feinsten. Ich denke an dich. Denke daran, dass es wirklich wunderbar mit uns hätte werden können und, dass ich das wusste und es trotzdem nicht konnte, weil mir die verliebte, alles nivellierende Leichtigkeit fehlte. Ich denke auch daran, dass weder du noch ich das akzeptieren wollten und dagegen ankämpften. Ich sehe dein Gesicht ganz nah vor mir, wie wir nebeneinander im Bett liegen und ich nicht entspannen kann, weil mir deine Augen genau das entgegenschreien, wovor ich sehnsüchtige Angst habe. Deine Natürlichkeit war umwerfend, dein Humor überragend. Präteritum. Mittlerweile haben wir mehr gelitten als gelacht. Wir schreiben uns SMS im Suff, Morsezeichen aus sicherer Distanz. Ständig rufen wir wach, was zu verheilen drohte. Warum vertraute ich meiner Entscheidung nicht, obwohl ich mit ihr leben konnte?

Die lähmende Lava meiner Gedanken kühlt langsam ab, als ich am jüdischen Kindergarten vorbeikomme, der von einem Polizisten mit Maschinenpistole bewacht wird. Die Grenze deiner Sphäre. Ich habe jetzt zwar immer noch Schiss, dass wir uns irgendwo zufällig treffen könnten, im schlimmsten Fall besoffen auf einer Party, aber die von Wunschdenken durchtränkten Fragen verschwinden genauso wie die teuren Häuser des West-ends. Das Schlimmste habe ich hinter mir.

Ich fahre ins Bahnhofsviertel. Dieses vom ZEIT-*Magazin* gehypte Szeneviertel. Wenn hier irgendwo genug Platz wäre, würde es sofort einen riesigen Gentrifizierungs-*Rewe* geben, in dem die Lebensmittel nach Nationen ge-ordnet sind. Die Abgefucktheit dieses Viertels liegt voll im Trend. Ich komme am »Plank« vorbei. Ich hasse diese Bar. Dort reden die als Junkies verkleideten Hipster ja so gerne über diesen bereichernden Clash von Bankern und Bettlern und der kreativen Energie, die daraus her-vorgeht. Ich war noch nie im »Plank«, aber ich bin mir sicher, dass dort solche Gespräche geführt werden.

Und dann kommt sie mir entgegen. Immer kurz vor dem Holbeinsteg. Sie hat unglaublich feine Gesichts-züge und sieht sogar in Regenklamotten gut aus. Seit einem Jahr sehe ich sie fast jeden Morgen und nie hat sie mich angeguckt. Immer hat sie den Blick schräg nach unten auf die Straße gerichtet. So fährt man doch nicht Fahrrad? Das ist mega gefährlich! Ich muss dann leider immer an Xavier Naidoos »Sie sieht mich einfach nicht« denken und habe dann für drei Stunden einen kitschigen Ohrwurm.

9:05 Uhr: Ich bin da. Vor meinem Büro hänge ich meine Jacke auf und daneben eure Bilder: TKKG, die Bo-ckenheimer Hundsitterinnen, Du, der Polizist, die Jun-kie-Hipster und die Fahrradfrau – ihr seid schon eine verrückte Kombo für so einen kurzen Weg.

Tastatur-Tortur

Stell dir vor, du hast es eilig. Richtig eilig. Du rennst auf eine rote Ampel zu. Vollsprint. Jede Sehne deines Körpers ist angespannt. Den ersten Fuß hast du bereits auf die Straße gesetzt, da blickst du plötzlich neben dir in zwei große, unschuldige Kinderaugen. Du stoppst. Abrupt. Dabei fliegst du in guter Körperklaus-Manier fast auf die Fresse. Und jetzt musst du warten, weil da dieses Scheisskind steht und da ja auch dieser gelber Sticker an der Ampel ist, der einen ermahnt, Kindern immer ein Vorbild zu sein. Die Rotphase dauert Ewigkeiten. Kein Auto weit und breit. Mit jeder Sekunde steigt dein Hass auf dieses bekackte Kind. Der misstrauische Blick der Eltern heftet sich an dich. Wie gerne würdest einfach über die rote Ampel stratzen, aber dann würde dir das Kind womöglich direkt folgen und deinetwegen brutal von einem heranrasenden Monstertruck erfasst werden.

Wenn ich schnell eine E-mail schreiben muss, bin ich in einer sehr vergleichbaren Situation und meine Tippbehinderung ist genau dieses nervige Kind, das mich am Erreichen meines Zieles hindert. Ich bin das Paradebeispiel für das Versagen unseres Bildungssystems im Umgang mit digitalen Medien. Das Tippen am Computer habe ich mir selbst beigebracht und zwar so richtig scheiße. Bis heute tippe ich nur mit den beiden Zeigefingern. Die anderen Finger schlabbern dabei wie lebloses Fleisch untätig an meiner Hand herum. In jedem zweiten Wort vertippe ich mich. Meine Backspacetaste ist abgenutzter als das »e«. Wenn ihr wissen wollt, wie präzise ich tippe, dann schmeißt mal einen Mettigel auf eure Tastatur. Genau so präzise bin ich.

Cool ist auch, dass mein Laptop eine integrierte Maus hat. Beim Schreiben komme ich liebend gerne mit dem Ärmel darauf und schreibe so minutenlang irgendwo in meinem Text weiter, ohne es zu bemerken. Mein Blick muss nämlich wegen meiner Tippbehinderung konstant auf die Tastatur gerichtet bleiben. Die integrierte Laptopmaus habe ich daher mit Gaffatape zugeklebt.

Der Einzige, der mir in dieser ganzen Zeit immer helfend beistand, ist heute nicht mehr unter uns. Wahre Helden sterben leider aus. Somit ist das hier auch ein Nachruf auf ihn: Karl Klammer, auch bekannt als die Büroklammer von *Microsoft Word*. Aber auch Karl Klammer konnte mich nicht beschützen und so landete ich schließlich in einem Bürojob, der zu 80% daraus besteht, E-mails zu schreiben. Pure Folter! Es war schlimmer als Effi Briest in Dauerschleife zu lesen. In der Zeit vor meinem Job empfand ich mein minderbemitteltes, Slow-Motion-Getippe als ein cooles Statement gegen die omnipräsente Effizienz-Geilheit. Es war der Freiheitsschrei in die Steppe des kapitalistischen Irrsinns. Die Fackel in der Finsternis des Burnouts. Nun stellte ich fest, dass es einfach nur krasse Zeitverschwendung war.

Daher entschied ich mich einen Zehn-Finger-Schreib-Kurs an der Frankfurter Volkshochschule zu besuchen. Ich wünschte mir ein knallhartes Tastatur-Bootcamp mit so einem richten *Full Metal Jacket*-Drill-Seargent, der mir bei jedem Vertipper seine Indiana-Jones-Peitsche durch die Fresse ziehen würde. Bei dem ich für jeden falschen Anschlag hundert Liegestütze auf einer Hand und mit Klatschen machen müsste. Stattdessen hieß mein Tipplehrer Rüdiger und rangierte menschlich eher in der Kategorie »Papa Schlumpf«. Halt viel zu nett! Bei jedem Verschreiber tätschelte Rüdiger mir zärtlich den Hinterkopf und sagte: »Macht nichts. Kopf hoch. Beim nächsten Mal wird's sicher besser.« Nee, Rüdiger. Wird's halt nicht. Es ist wie beim *Croco Doc*-Spielen – ich drücke immer das Falsche. Ich lerne das nicht mehr. Ich bin alt. Zu alt. Ich bin mittlerweile so alt, dass auf Pornoseiten Frauen meines Geburtsjahrgangs als MILFS gelistet sind. Deutschlands Schulsystem hat einfach nur vollkommen verkackt und ich bin dieser stinkende, mit zwei Fingern tippende Kackhaufen. Und sie quält mich beständig, diese tagtägliche, traurig-tragische Tastatur-Tortur. Ich will nach Finnland. Denn da wurde letztes Jahr die Handschrift in Grundschulen abgeschafft. Die Schüler lernen dort nur noch das effiziente Tippen am Rechner. Sie werden gesegnet mit schnellen Fingern. Es ist ihr Sprung in die Freiheit wie am Ende von *Free Willy*. Finnland. Tippland. Rette mich.

Keilriemen-Otto

Ich möchte euch von dem wahrscheinlich geilsten Typen der Welt erzählen: Keilriemen-Otto. Er hieß so, weil er ein Spezialist in Sachen Keilriemen war. In der Wedemark nahe Hannover war der Typ eine echte Institution. Einmal in meinem Leben habe ich Keilriemen-Otto live gesehen. Da war ich acht Jahre alt und auf Radtour mit meinen Eltern. Keilriemen-Otto hatte eine Gaststätte. Aber das war nicht irgendeine Gaststätte, sondern eine Autobahngaststätte am Arsch der Welt und mitten im Wald. Keilriemen-Otto hatte auf den Reibach seines Lebens gehofft, als er vom Bau der Autobahn-Trasse erfuhr. Er zog das Ganze richtig groß auf und baute in der entlegenen Gegend nicht nur die Gaststätte, sondern auch einen Campingplatz mit zwanzig Wohnwagen. Keilriemen-Otto grub dazu noch einen Badeteich aus und errichtete einen Spielplatz inklusive Sportgeräten und Liegewiese. Es sollte das Paradies für jeden Wochenendausflug werden. Nur leider wurde diese Autobahn-Trasse nie gebaut.

Und als ich Keilriemen-Otto 1996 sah, war es nicht gut um ihn bestellt. Er hatte sich offensichtlich intensiv der Flasche zugewandt, was man daran erkennen konnte, dass er eine in den Händen hielt und granatenvoll war. Keilriemen-Otto sah aus wie ein Panzerknacker und war eigentlich nur damit beschäftigt, alle Gäste anzupöbeln. Seine Frau Waltraud hatte auch massiv einen im Kahn und war unfreundlich wie Sau. Aber ihr Kuchen war in der ganzen Umgebung unübertroffen, wobei man sagen muss, dass sich in der Umgebung auch sonst nichts befand. Ich erinnere mich noch genau, wie mich dieser Ort in seiner ganzen Geschichtsträchtigkeit packte. All die verrotteten Wohnwagen, der riesige, verrostete Spielplatz, die leicht mit Moos überzogenen, karierten Plastiktischdecken und das morsche Holz der Veranda – ehrlicher konnte man nicht scheitern.

Irgendwann Ende der Neunziger segnete Keilriemen-Otto dann das Zeitliche. Seine Geschichte hat mich seitdem immer wieder beschäftigt. Ich habe daher in seinem Gedenken vier totsichere Businessideen entwickelt. Falls ihr Interesse daran haben solltet, absurd reich zu werden, schenke ich euch diese genialen Ideen gerne.

Meine erste Businessidee: Jetski-Paintball. Das ist eine Mischung aus Jetski und Paintball. Das ist geil. Und das gibt's noch nicht. Da ist man sofort Richie Fucking Monster Rich.

Meine zweite Businessidee: Diese Idee hat zwar mit Drogen zu tun, aber nur indirekt. Es ist das Einhorn-Kaugummi. Dabei handelt es sich um ein ganz normales Kaugummi, dass sich aber in einer Verpackung mit glücklich glitzernden Einhörnern befindet. Jetzt muss man für dieses Einhorn-Kaugummi nur noch ein exklusives Verkaufsrecht mit Techno-Festival-Betreibern aushandeln. Dann regnet es Millionen, wenn die Kieferfaxen der Druffies beginnen. Wenn alle begeistert Pillen schmeißen und aus den komplett schwarz gekleideten, hedonistischen Hipsterchen mit ihren hochgekrempelten Hosen auf einmal fieseste Zombies werden. Nur noch kauende, verzogene Fressen. Wenn sie in ihrem verballerten Zustand beginnen, ihre Wangen von innen aufzuessen. Ja, dann. Dann kommen sie zu mir, an meinen Einhorn-Kaugummi-Stand. Die Preise für die Kaugummis sind natürlich unverschämt hoch, aber die Hipsterchen haben ja alle reiche Eltern und sind geilerweise auch noch voll auf Ecstasy. Und dann lieben die Glitzer und Einhörner. Für jede gekaufte Packung gibt's dann sogar noch einen großen Becher Leitungswasser gratis obendrauf. BÄMM! Und Sitzplätze auch. Yeah! Wie kundenorientiert kann man eigentlich sein? Man wird reich und alle sind glücklich. Ich sag nur: »Hallo Monaco!«

Meine dritte Businessidee: Hierbei handelt es sich um eine App. Die Tut-Tut-Tut-App. Jeder kennt die Situation, wenn beim Telefonat plötzlich der Kackempfang abbricht. Dann ruft jeder sofort beim anderen an. Das ist extrem dumm, weil der andere das ja auch macht. Dann ist zwei Minuten lang schön bei beiden besetzt. Clever. Meine App löst genau dieses große Problem, indem sie die eine Person bei gleichzeitigem Anruf einfach priorisiert durchstellt. Ja, that's it. Die Tut-Tut-Tut-App besticht eben durch ihre Simplizität und bedeutet easy den Cashflow des Todes.

Meine vierte Businessidee: Die mächtigste Währung in deutschen Büros ist nicht Geld. Nein, die mächtigste Währung in deutschen Büros ist selbstgebackener Kuchen. Besonders zum eigenen Geburtstag. Damit stellt man nämlich unter Beweis, dass man nicht etwa sorglos in seinen eigenen Geburtstag reingefeiert und dabei sogar Spaß gehabt hat. Nein, der selbstgebackene Kuchen beweist, dass man sich stattdessen Stress gemacht und seine begrenzte Freizeit dazu genutzt hat, den Kollegen was Gutes zu tun. Ich habe das nie verstanden und bin daher im ersten Berufsjahr mit einem Fertigkuchen bei der Arbeit aufgetaucht. Das war ein großer Fehler. Und genau da kommt meine Idee ins Spiel: The Shitty Bakery. Eine Bäckerei für jeden, der bei der Arbeit nicht unbeliebt sein will, aber auch keinen Bock hat, seine Zeit mit Backen zu verschwenden. In der Shitty Bakery kreuzt man seinen eigenen Back-Skill-Level einfach an und

ZACK! einen Tag später bekommt man dann einen individuellen Kuchen, der mega lecker schmeckt, aber gleichzeitig auch authentisch wirkt. Für Kunden, die schlecht backen können, werden zum Beispiel einige Stellen extra eingedetscht oder verbrannt. Die perfekte Täuschung und eine enorme Zeitersparnis. Wahrscheinlich wird es eines Tages sogar nur noch Shitty Bakerys geben und dann regnet es Fuffies im Club.

So, das war's und jetzt zieht los und werdet wahnsinnig reich, ihr Keilriemen-Ottos dieser Welt!

Die Weisheits-Zahnfee

Ich hab Schiss, richtig Schiss. Es gibt kein Entrinnen, keine Gnade. Morgen ist es so weit. Morgen ist meine Weisheitszahn-OP. Und sobald man sich für eine Weisheitszahn-OP entschieden hat, wird man von den Leuten härter vollgelabert als in diesen modernen, hippen Sandwichläden, wo der Besitzer einem unbedingt völlig ungefragt das handgeschlachtete Rindfleisch erläutern muss, das zwölf Stunden lang in ostfriesischem Rotwein und Himalaya-Salz konstant bei 41 Grad im gusseisernen Bräter geschwenkt und mit Lorbeerblättern aus den Abruzzen verfeinert wurde.

Nur handelt die Scheiße, die man sich vor einer Weisheitszahn-OP anhören muss, weniger von Essen als vielmehr von Schmerz. Zu den Weisheitszähnen hat nämlich jeder eine Meinung, persönliche Erfahrungen und vor allem grandiose Gruselgeschichten. Eine Kollegin von mir hat beispielsweise nach der OP im Schlaf das

ganze Bett mit Blut besudelt und sich wegen der Betäubung ein Stück der Zunge abgebissen. Eine andere saß
vor Schmerzen zwei Tage und Nächte lang wach und hat
geweint. Und das bei nur zwei entfernten Weisheitszähnen.

Wenn ich erzähle, dass ich mir morgen die gesamten
Vier lediglich mit örtlicher Betäubung rausnehmen
lasse, glotzen mich alle an, als würde ich mich dem IS
anschließen wollen. Ich höre schon die furchtbaren
Geräusche in meinem Mund, made by Karius und
Knacktus (den Antagonisten von *Karius und Baktus*).
Und ich sehe sie bereits vor mir: Die Weisheits-Zahn-
fee. Aber sie ist keine filigrane Schönheit mit fluffigen
Flügelchen. Nein, die Weisheits-Zahnfee sieht aus wie
die Heroin-Version von Flavor Flav in weiblich. Und
neben der fetten Uhr um den Hals, auf der mein
Stündchen geschlagen hat, trägt sie miese Grillz aus
Milchzahn.

Eine Weisheitszahn-OP ist im Endeffekt genau wie die
Siegerehrung bei *Mario Kart 64*: Dauert ewig und man
kann sie nicht abbrechen. Außerdem zwingt einen die-
ser Eingriff dazu, sich tagelang rüsselartig durch einen
Strohhalm zu ernähren. Ich habe mir daher von der
Marke *true fruits* einen Smoothie gekauft. Den ersten
Smoothie meines Lebens. Und ganz sicher auch den
Letzten. Denn auf dem Etikett der Flasche, wo sich nor-
malerweise Produktinformationen befinden, steht allen
Ernstes folgendes Pamphlet: »Du hast keine Möglich-

keit zu trainieren? Bullshit! Du hast keine Zeit für die Muckibude? Bullshit! Du kennst keine Übungen? Bullshit! Erste Regel des #fruitclubs: Keine Ausreden! Nimm einfach diese Flasche, (wenn sie leer ist, fülle sie mit Wasser oder Sand) und trainiere damit, statt dumm und bräsig auf der Couch zu hängen.«

Ey, ich muss mich von einer Smoothie-Flasche doch nicht beleidigen lassen. Was meint diese muttergefickte Flasche eigentlich, wer sie ist? Macht mies einen auf *Fight Club* und ist dabei komplett mit cremiger Fruchtkotze gefüllt. Diese Aggroflasche scheint allerdings sogar noch harmlos zu sein, denn sie beinhaltet die Smoothie-Sorte »triple pink«. Wie rastet dann bitte erst die Rote Beete-Sellerie-Mischung mit Granatapfel aus? Und ganz nebenbei: Welcher Mensch auf diesem Planeten trainiert denn bitte mit einer sandgefüllten Smoothie-Flasche? Ich hasse Smoothies! Aber diese abgefuckte Weisheitszahn-OP nötigt mich dazu, mir dieses überteuerte Lifestyleprodukt für Fitnessarmband tragende, »beach body bootcamps« besuchende, bretter-bescheuerte Brutalo-Bonzen zu kaufen.

Aber die OP hat auch ihr Gutes, denn nie zuvor wollten mich so viele Menschen besuchen, bemuttern, betreuen und bekochen. Jeder will plötzlich mein persönlicher Zivi sein. Das macht mir besonders Angst – dass alle auf einmal so verdächtig nett sind. So bekomme ich ein Glas mit Bio-Spaghetti-Bolognese als *Hipp*-Baby-Brei von meinen Kolleginnen geschenkt. Ich glaube, sie meinen es wirklich nur gut mit mir. Aber erwachsene Menschen, die Babybrei essen (und das tun manche wirklich), verachte ich in ihrer ödipalen Regressivität zutiefst. Außerdem macht Spaghetti-Bolognese in Breiform ungefähr so viel Sinn wie mit dem Handy auf der Handfläche per Lautsprecher zu telefonieren. Ich stünde da ja gerne drüber, aber dieser Babybrei entfacht in mir die blanke Panik. Warum füge ich mir freiwillig etwas zu, das dazu führt, dass man mir Babybrei schenkt?

Diese ganze OP war eine einzige Drecks-Idee. Warum die Weisheitszähne? Ich hab doch keinerlei Schmerzen oder Beschwerden. Weisheitszähne sind zudem evolutionär absolut überholt. Sie sind die CDs unter den Körperteilen. Kein Mensch braucht sie mehr, aber man hat sie trotzdem noch. Eine Weisheitszahn-OP ist eigentlich nur eine richtig stressige Investition in die Zukunft, die mega weh tut – so wie ein Jurastudium.

Ich steigere mich immer weiter in meine Angst rein, bis ich einen gigantischen Fehler mache: Ich google die Risiken meiner Weisheitszahn-OP. Danach ist klar: Zwar kein Krebs, aber dafür falle ich morgen safe ins Killer-Koma – so wie es einer 23-jährigen und heißen Zweifach-Mutter aus Hawaii ergangen ist. Das sagt zumindest der etwas rechtschreibschwächelnde Artikel des *Kopp-Verlages*, den ich auf der elften Google-Suchseite gefunden habe.

Kurz vor Mitternacht liege ich endlich im Bett und hab einfach nur wahnsinnig Schiss. Und ganz weit entfernt kann ich es hören: Das schallende, schadenfrohe, dreckig hustende Lachen der Weisheits-Zahnfee. Morgen. Morgen kommt sie mich holen.

Valentinstag

Die ersten Sonnenstrahlen hüllen diese von Wundern überwucherte Welt in ein vollkommenes Gewand aus gleißendem Glitzern fliegender Flocken. Leichten Schrittes nähere ich mich dem Bette. Ein paar sanfte Sonnenstrahlen rieseln ruhig auf deine verträumten Lider und deine anmutigen Augen erblicken diesen perfekten Valentinstag. Als ich mit meinen feinfühligen, filigranen, flatternden Fingerspitzen über deine wahnsinnig weiche, wunderbar wohlige Wange gleite, fährt mir die Brise deines warmen Atems durch meine blühend blonde, wellig wallende Haarpracht. Jede Faser meines flammenden Herzens drängt in meine Lippen. Voller Inbrunst rufe ich in die Weite deines Gemachs: »Ich werde dich lieben bis ans Ende meiner Tage!« Der Moment ist magisch. Ein knusprig-krosses Croissant biete ich dir dar, nebst deiner fruchtig-frischen Lieblingsmarmelade. Unsere liebesbekundenden Lippen begrüßen sich in familiärer Vertrautheit und die Schmetterlinge schwirren so verliebt in meinem Bauch umher, dass sogar sie wiederum kleine Schmetterlinge in ihren kleinen Bäuchen haben, die dort umherschwirren.

Nach vielen verkuschelten Stunden treten wir aus unserem romantischen Refugium, aus unserem Garten Eden an die winterliche Luft. Eine Kutsche wartet vor unserem Anwesen und innig ineinander verschlungen fahren wir die Boulevards und Alleen abgeschiedener, malerischer Dörfer entlang. Ein roter Rosenregen prasselt von Balkonen auf unsere Häupter herab und BIEP BIEP BIEP BIEP ...

Es ist kalt. Es ist laut. Es stinkt nach Kotze. Da ich alleine bin, bringt mich das Ausschlussverfahren zu der Erkenntnis, dass es sich hierbei um meine eigene Kotze handeln muss, in der mein Gesicht gerade rumhängt. Aufgrund der Unfähigkeit mich zu bewegen, verharre ich noch ein wenig in dieser Position, ehe ich mich unter größter Anstrengung ein paar Zentimeter drehe, um zumindest meine Nase aus der Kotze zu befördern. Ein Presslufthammer bahnt sich seinen Weg durch meine Stirn. Ich habe einen unfassbaren Kater und keine Erinnerung an gestern. Langsam kommen einzelne Bilder wieder hoch und rotieren unaufhörlich vor meinem inneren Auge. Ich in einer Bar. Ich mit der Hand an einem Türsteher-Arsch. Ich, wie ich mit einem Geldschein Tequila durch die Nase ziehe. Ich, wie ich bei voller Fahrt aus dem Taxi geworfen werde. So ein typischer Eigentlich-wollte-ich-gar-nichts-trinken-Abend.

Als ich aus meinem Zimmer torkele und mir dabei den kleinen Zeh an der Tür stoße, dringt mir plötzlich dieser Scheißgeruch in die Nase: Die Mischung aus leicht verbrannten Croissants und einer viel zu süßen Marmelade. Fuck, das kann nur eines heißen: Es ist wieder dieser verfickte Valentinstag, an dem mein Mitbewohner seine Freundin auf whackste Weise verwöhnt, indem er seine zurückgebliebene Rotz-Romantik auslebt und sich geschwollen in artifiziellen Alliterationen ausdrückt.

Als ich an seinem Zimmer vorbeigehe, höre ich, wie er zu seiner hässlichen Freundin sagt: »Ich werde dich lieben bis ans Ende meiner Tage«. »Ach, fickt euch doch«, schreie ich seiner Tür entgegen und trete mit voller Wucht gegen das Schuhregal. Wieder erwische ich es nur mit dem kleinen Zeh. Um dieser Scheiße schnell zu entkommen, ziehe ich mir eine Jacke über und gehe nach draußen. Sollen die sich zum Valentinstag doch alle Äpfel schenken. Ist schließlich auch ein Rosengewächs.

Vor unserer Tür steht eine dämliche Drecks-Kutsche rum und ich sehe mich gezwungen einen grünen Flatschen vor die Hufe der gekämmten Pferde zu rotzen. Ich rufe einen Kumpel an, um mich mit ihm auf einen Frühstücks-Döner zu treffen. Als er in Anlehnung an den Valentinstag meint, dass es ja ein Candlelight-Döner sei, lege ich kommentarlos auf. Dann geh ich halt alleine! Ich werfe mir meine Kapuze über den Kopf und stampfe Richtung Leipziger Straße. Während ich jedem Pärchen abwertend entgegenknurre, biete ich jedem mir entgegenkommenden Typen, der alleine ist, einen High Five an.

Der Kitsch überschwemmt die Straßen und alle suhlen sich in diesem Dünnschiss. Da selbst bei meinem Stammdöner fleckige Papierherzen im Fenster hängen, gehe ich zum schäbigen Asiaten um die Ecke, wo das Essen aussieht wie das Zeug, in dem ich heute erwacht bin. In meinem Glückskeks steht: »Liebe ist ein Spiel, bei dem beide schummeln.« Nichts könnte den heutigen Tag besser zusammenfassen.

Gina

»Früher war alles besser.« Dieser Satz mag in Bezug auf manches stimmen. Im Bereich der Pornografie allerdings ist das absoluter Schwachsinn. Nie war es besser als heute. Blitzschnelles Internet, HD-Qualität, Millionen von Darstellerinnen und Streamingseiten. Bald kommt noch der massenhafte Einsatz von Virtual Reality hinzu. Es ist crazy. Hätte man mir das zu Beginn meiner Pubertät erzählt, wäre ich komplett durchgedreht. All das war für mich unvorstellbar.

Denn in der 7. Klasse war die Titten-Titelseite der *Bild*-Zeitung für mich eine ernstzunehmende sexuelle Stimulation – genau wie die kleinen Ankündigungsbilder für Erotikfilme in der *TV Movie*. Sogar die Telefonsexanzeigen in der kostenlosen Sonntagszeitung geilten mich gnadenlos auf. Ich klammerte mich an alles, was greifbar war. Und das war zunächst nicht viel. Aber bald schon eroberten einschlägige Fachmagazine wie die *St. Pauli-Nachrichten*, *Blitz Illu* oder *Praline* den Schulhof.

Die Papierqualität glich nur leider der *Micky Maus*, so-dass die Zeitschriften nie lange überlebten. Dass eroti-sche Bilder so wie in den romantischen Erzählungen unserer Väter auf dem Schulhof getauscht oder verkauft wurden, gab es bei uns nicht. Nein, in der Manier von Ölscheichen beharrten die jeweiligen Besitzer auf ihrem Monopol und schlachteten ihre damit einhergehende Beliebtheit schamlos aus. Mein einziger Versuch selbst ein solches Heft zu kaufen, endete mit dem schallenden Gelächter eines dicken Kioskbesitzers.

Das war bitter, aber zum Glück hatte mein Vater im-mer schon ein sehr lockeres Verhältnis zur Sexualität und meinte, es wäre nun an der Zeit, mir meinen ersten *Playboy* zu schenken. Der *Playboy* – das war Next-Le-vel-Shit. Ich hielt ihn wie eine Reliquie in den Händen, auch wenn das Titelgirl nur Alida-Nadine Kurras war, die Siegerin der 2. Staffel von *Big Brother*. Auf allen Fo-tos stand sie ziemlich verloren in der Sahara rum, nur mit einem Cowboyhut bekleidet, und wurde sinnlos von der Sonne verbrannt. Aber in das Playmate ver-liebte ich mich sofort und sie kam auch noch wie *Bahl-sen*-Kekse, die *Cebit* und ich aus Hannover. Die *Play-boy*-Aufnahmen waren durch die Bank ästhetisch und man wurde nicht ständig von schwabbeligen, gelang-weilten Hausfrauen überrascht, die in den *St. Pauli-Nachrichten* immer wieder eingestreut waren.

Im Winter 2002 kam Christina Aguileras Video zu »Dirrty« raus und verwandelte mich sofort in einen

134

Viva-Junkie. Wie sexy diese Frau sich bewegte war der Wahnsinn. Christina war für mich das Sexsymbol schlechthin. Jedoch konnte sie diesen Platz nur ein paar Monate halten, denn dann kam Gina. Gina Wild. Zwar war »Maximum Perversum« schon nicht schlecht, aber mit »Gina Wild 4« gelang ihr ein echter Klassiker, ja ein cineastisches Meisterwerk. Dieser Film gehört heute genauso zum kulturellen Gedächtnis meiner Generation wie Mr. Presidents »Coco Jamboo« oder »Boomerang« von Blümchen. Der Film war einfach grundehrlich – da wurden die Socken beim Sex noch angelassen und jedes schauspielerische Talent offensiv negiert.

In Windeseile machte »Gina Wild 4« die Runde in jeder Schule (Waldorf-Schulen ausgenommen). Doch der Besitz des Filmes war natürlich gefährlich und man musste aufpassen, nicht erwischt zu werden. Daher wurden wir zu Königen der Tarnung und so konnte man sich in jedem Jungenzimmer sicher sein, dass sich auf der mit »Age of Emipres« beschriebenen CD bestimmt nicht das Spiel befand.

Gina Wild. Allein der Name war eine Macht. Und mit dem Body Painting-Sex hat Gina sich nicht nur unsterblich gemacht, sondern auch noch künstlerischen Anspruch bewiesen. Und dann wurde sie einfach in den Boden gestampft von den gigantischen Möglichkeiten des Internets. Die völlige Beliebigkeit des Überangebots brach aus und damit überkam uns auch die Überforderung. Unsere Rechner waren binnen kürzester Zeit mit jeder erdenklichen Form von Computerviren vollgestopft und unser Verhältnis zur Sexualität komplett im Arsch.

Immerhin wurden wir noch langsam an das Thema herangeführt. Wenn Zwölfjährige heute Gangbang-Pornos gucken, finde ich das nicht schrecklich. Ich finde es nur schade. Das Herantasten wird sofort zum Grabschen, das Übertreiben zum Standard, der sexuelle Stress zum Normalzustand. Ich klinge wie ein Rentner, der sich darüber beschwert, dass es bei der Post keine Anfeuchtekissen mehr für die Briefmarken gibt. Aber vielleicht war das mit den Pornos früher in gewisser Hinsicht wirklich besser.

Tinder

Alle sagen *Tinder* sei bloß eine Dating-App, aber es ist so viel mehr. *Tinder* ist pure Macht, wenn man sie zu nutzen versteht. Auf *Tinder* wurde ich aufmerksam, so wie es jeder wurde. Ein Freund von mir hatte eine durch *Tinder* klargemacht. Ich hielt Internetdates bis dato immer für Schwachsinn. Das war irgendwie shady, armselig und unswaggy. Doch hier war es anders. Schon nach kurzer Zeit war ich dem *Tinder*-Rausch verfallen. Es war das El Dorado der schäbigen Triebe.

Ich realisierte direkt, dass ich ohne *Tinder* bislang ein räudiges Drecksleben geführt hatte. Ich bereute sofort all diese Drinks, die ich mir früher reingeknallt hatte, nur um eine anzusprechen. All das Kotzen, weil ich dabei zu übermotiviert war. All diese dummen Stunden in versifften Clubs, in denen ich Frauen hinterhergejagt hatte, die außerhalb des Diskolichts gruselig aussahen. Denn ob man wirklich richtig steht, sieht man wenn das Licht angeht. Alle fünf Minuten hatte ich nun ein Match.

Wunderschöne, willige Mädchen schrieben mir. Alles kam so easy und locker daher.

Doch während ich eher so nebenbei tinderte, rastete mein Mitbewohner Rico völlig darauf aus. Jeden zweiten Abend kam er mit einer anderen nach Hause und dazu sei gesagt, dass Rico echt eine ziemliche Bratze ist. Er brüstete sich permanent für seine durch *Tinder* geklärten One-Night-Stands und stellte andauernd in meinem Zimmer miese Stellungen nach. Ständig klatschte er mir sein Handy in die Fresse und zeigte mir ein neues Foto von irgendeiner überschminkten Drölf-Jährigen. Also beschloss ich, ihn an dem Punkt zu pranken, wo es ihm so richtig wehtun würde. Ich erstellte also ein Fake-*Tinder*-Profil der perfekten Frau. Drei Bilder: Auf dem ersten saufend, auf dem zweiten saufend mit einem süßen Hund und auf dem dritten Komplettschaden. So eine richtige Partybraut, die verkatert über den Laufsteg in Mailand torkelt. Eine versaute Frau mit Stil. Ich nannte sie Carmen.

Jetzt musste ich nur noch warten, bis Rico anbiss. Daher vertrieb ich mir die Zeit damit, mir mal die Typen bei *Tinder* anzugucken. Alle hatten so mega verwegene Profilfotos, auf denen das Dämmerlicht die markanten Gesichtszüge hervortreten lässt. Alle hatten dabei den *Malboro*-Cowboy-Blick drauf. Sie schauten fokussiert mit einem Schuss Verträumtheit in die Ferne, als hätten sie eine Vision, an der sie ein Leben lang festhalten würden. Und dann sah ich meinen Chef. Auf dem Foto sah er fett aus wie immer. Wisch nach rechts. Match. Unglaublich.

»Hi Carmen, was geht bei dir«, schrieb er sofort.
»Nix, bei dir?«
»Noch nix! ;) Bock auf 'n Treffen?«
»Nee, hab meine Tage.«
»Geil!!!«

Hatte mein verheirateter Chef die Menstruation einer 23-Jährigen gerade mit »Geil!!!« kommentiert? Mich ergriff ein achtstündiger Cocktail aus derbstem Dauerekel und fiesester Fremdscham. Doch dann dämmerte es mir langsam. Hier bei *Tinder* waren sie: Alle Männer, die mich umgaben. Hier streiften sie notgeil umher wie die Hyänen. Und mir wurde in diesem Moment klar, dass ich sie alle an den Eiern hatte.

Ich schrieb also direkt meinem Chef: »Okay, du Hengst. Komm morgen um 14 Uhr nach Nieder-Eschbach und dann geht's brutal ab!« Am folgenden Tag hatte ich ab 14 Uhr frei. Die so gewonnene Zeit nutzte ich, um mein auf *Tinder* fußendes Machtimperium weiter auszubauen und Gott schenkte mir ein Match mit meinem eigentlichen Erzfeind – meinem Vermieter, diesem Penner.

Seit zwei Jahren schrieb ich ihm regelmäßig E-mails mit der Bitte um ein neues, regendichtes Fenster. Nie kam eine Antwort. Also schrieb Carmen meinem Vermieter bei *Tinder*, dass sie im Büro gegenüber meines

Hauses arbeite. Jeden Tag starre sie auf die schäbigen Fenster des Gebäudes, in dem ich zufällig wohnte. Das stimme sie traurig, allerdings mache sie der Anblick schöner, neuer Fenster so richtig rallig. Seitdem habe ich ein sechsfach verglastes, sich automatisch auf Klatschzeichnen öffnendes Fenster.

Nach zwei Tagen kam endlich das Match mit meinem Mitbewohner Rico zustande. Alle zwei Minuten kam er in mein Zimmer gestürmt und erzählte mir mit einem Vergewaltiger-Lächeln von dieser unfassbar heißen Carmen, die ihm bereitwillig ihre Lieblingsstellungen und die Tattoos nahe der glatt rasierten Vagina beschrieb. Rico sprang voll drauf an und machte vor Carmen einen auf alteingesessenen Wein-Connaisseur.

Kurz darauf war endlich der Tag des realen Zusammentreffens zwischen den beiden gekommen. Wir warteten mit versammelter Mannschaft auf Rico in einer Bar. Er kam überpünktlich, in seinem Schritt zeichnete sich eine stattliche Latte ab. Er war komplett im Sextunnel und eilte ohne uns wahrzunehmen wie ein Gestörter zu einer Frau, die hinter uns saß. Der Schreck fuhr mir in alle Glieder, denn die Frau hatte erstaunliche Ähnlichkeit mit meiner *Tinder*-Carmen. Sie saß alleine, Rico kam mit ihr ins Gespräch. Als wir zu ihm gingen, um alles aufzuklären, war es schon zu spät. Rico hatte ihr bereits unbemerkt eine Elefanten-Portion Roofies ins Getränk geworfen und sie hatte es geext.

Roofie-Rico ging in seiner Dosierung stets auf Nummer sicher.

Der Kopf des Mädchens schlug umgehend auf der Tischplatte auf. Zum Glück hatte ich kurz zuvor den 45-jährigen Tierarzt Manfred bei *Tinder* kennengelernt. Zehn Minuten später war er vor Ort und kümmerte sich rührend um das Mädchen, das leider wie Carmen aussah. Wir flüchteten. Ich löschte *Tinder*. Der Verantwortung war ich einfach nicht gewachsen. Und *Tinder* ist es, glaube ich, auch nicht.

Künstlernamen

Der Poetry-Slammer Lars Ruppel schrieb mir am 11.03.2013 folgende Email: »Zu deinem Pseudonym: Ich möchte nicht altklug klingen, aber ich rate dir ganz dringend von Pseudonymen und Künstlernamen ab. Das prägt die Menschen schon bevor sie dich auf der Bühne gesehen haben. Und deiner ist zudem knackbescheuert. Es gibt viele Slammer, die mit Künstlernamen angefangen haben und jetzt finden sie ihn nervig. Jetzt werden sie ihn aber nicht mehr los, da sie sich bekannt gemacht haben und nun den Wechsel nicht schaffen. Also ich kündige dich an wie du willst, ich bin mir aber sicher, du wirst es irgendwann bereuen.«

Ich habe Lars Ruppel damals für einen richtigen Pfosten gehalten. Mit seinem doppelkonsonantigen Nachnamen war er doch bloß neidisch. Ich hatte nun mal den perfekten Künstlernamen gefunden: Jey Jey Glünderling. Das klang schon so absichtlich scheiße und passte schlichtweg in keine vorgegebene Kategorie wie eine blaue *Nivea*-Deo-Flasche in einen Altglascontainer. Und das war geil!

Glünderling. Guckt mal im bundesweiten Telefonbuch nach – so heißt kein einziger Mensch. Wie auch? Ich hatte mir dieses geniale Wort ja in altehrwürdiger Ro-din-Denkerpose einfach ausgedacht. Aus »Glühbirne« machte ich »Glünderling«. Ich fand, dass Glünderling irgendwie nach einem gemütlichen Erdkunde-Lehrer klingt, der zu große Flanellhemden trägt und sich nicht wirklich durchsetzen kann.

Nun musste noch ein möglichst unpassender Vor-name her. Da lag Jey Jey natürlich auf der Hand. Bei Jey Jey denkt man einen lässigen College-Guy, der dich nice angrinst, während er deine Freundin vögelt. Fügte man diese beiden Namensbestandteile zusammen, entstand ein spannungsreicher, sprachlicher Sprengsatz: Jey Jey Glünderling – ein Name, der so scheiße war, dass er sich automatisch ins Hirn tackerte. Ich habe mir deswegen meinen Künstlernamen offiziell in Perso und Reisepass eintragen lassen. Ich durfte sodann unter diesem Na-men Konten eröffnen und Mietverträge unterschreiben. Ich durfte mich sogar vor Gericht so anreden lassen. Nichts von alledem habe ich je gemacht.

Zunächst wurde Jey Jey Glünderling zu meinem Rap-battle-Pseudonym. Und als ich meinen übertrieben lan-gen Künstlernamen das erste Mal auf einem Flyer sah und dieser fast den gesamten Platz einnahm, fühlte ich mich wie der Headliner des Abends. Dann begann ich mit Poetry Slam, weil ich Bock hatte gnadenlos übertriebene Lügengeschichten zu erzählen. Dafür ist der Schutzmantel eines Pseudonyms äußerst praktisch, denn es ermöglichte mir völlig anonym das Publikum und alle Leser auf unflätigste Art und Weise zu beleidigen. Ihr Anal-Arschlöcher! Aber leider war der Name wie das Vollsuff-Tattoo einer Thailandreise – irgendwann halt gar nicht mehr cool.

Heutzutage kotzt mich Jey Jey Glünderling einfach nur noch an. Ich würde auch gerne mal einen ernsten, gewichtigen, deepen Text mit Message vortragen. Aber das ist ein bisschen schwierig, wenn man sich anhört wie ein drittklassiger Clown, der von einem verkleideten Ameisenbär durch die Roncalli-Manege gejagt wird. Der dämliche Umlaut in »Glünderling« verbaut mir zudem jeglichen internationalen Erfolg.

Backstage ist es häufig auch anstrengend. Slammer denken nämlich leider auch hinter der Bühne gerne sie wären exorbitant witzig. Daher werde ich überall Jot Jot genannt. Witzig. Oder Jey Jey G-punkt. Noch witziger. Mein Künstlername schreit offensichtlich mehr nach Mobbing als Ernie aus *Stromberg*. Auch eine Frau nach einem Slam abzuschleppen ist absolut unmöglich. Wenn die am nächsten Morgen ihren Freundinnen erzählen würde, sie hätte mit Jey Jey Glünderling geschlafen, denken die doch, sie wäre mit einem Pokémon im Bett gelandet.

Ich habe daher vielfach über Alternativen nachgedacht. Ich könnte mich auch Jey Jey von Glünderling nennen und dem ganzen einen adligen, hochherrschaftlichen Touch verleihen. Allerdings klänge Jey Jey von Glünderling eher, als wäre ich der neue Adoptiv-Bruder von Prinz Markus von Anhalt, der sich in neureichem Überschwang einen Adelstitel gekauft hat. Glündi hatte ich mir dann überlegt – aber da denkt man ja eher an die fehlgeschlagene Reinkarnation einer *Diddl*-Maus.

Egal wie viel Mühe man sich gibt, Jey Jey Glünderling ist nicht zu retten. Es gibt einen Slammer, auf den ich wirklich neidisch bin. Sein Pseudonym ist pure Poesie, gehauchte Melodie, denn er nennt sich André Negligé. Bei so einem Namen sind die Groupies doch schon vorprogrammiert. Der Klang von Jey Jey Glünderling hingegen ist in meinen Ohren mittlerweile schlimmer, als wenn Leute sagen, dass sie Praktikas machen. Praktikas täuscht den korrekten Plural an, gaukelt Lateinkenntnisse vor und erstickt sodann an seiner bildungsbürgerlichen Heuchelei. Diese ganze Glünderling-Scheiße macht mich wütend, vor allem weil ich selbst schuld bin. Ich kann die Vergabe dieses Drecksnamens ja noch nicht mal meinen Eltern in die Schuhe schieben. Das einzige, was mir heute noch bleibt, ist diese kleine stille Freude, wenn ich mir am Ende des Tages im Mr.-Burns-Modus grinsend zu Hause die Hände reibe und denke: »Ach, wie gut, dass niemand weiß, dass ich ...«

Inhalt

Jey Jey Glünderling
Traumberuf Marktschreier
Slams & Stories

© Weissbooks GmbH Frankfurt am Main 2017
Alle Rechte vorbehalten

Konzept Design
Gottschalk+Ash Int'l

Satz
Publikations Atelier, Dreieich

Umschlaggestaltung
Julia Borgwardt, borgwardt design
unter Verwendung eines Motivs von
© ALXR/fotolia.com

Foto Jey Jey Glünderling
© Klaus Engelhardt

Druck und Bindung
CPI Clausen & Bosse, Leck

Printed in Germany
Erste Auflage 2017
ISBN 978-3-86337-121-0

Dieses Buch ist auch als eBook erhältlich
ISBN 978-3-86337-140-1

weissbooks.com
facebook.com/gluendi